粮食信息化运输与出入库作业

主　编　许方浩　杜小翠　黎海红

副主编　苗德升　丁新杰　刘永军

参　编　许　杰　张豫麒　张笑斐
　　　　肖　潇　顾　涵

北京理工大学出版社
BEIJING INSTITUTE OF TECHNOLOGY PRESS

内 容 提 要

本书基于粮油仓储管理工作中粮油入库、粮油出库的实际岗位工作任务，重点参考了《（粮油）仓储管理员 国家职业技能标准》中的"技能要求"，对学习内容进行了重新梳理。主要内容包括粮油出入库准备、粮油出入库作业、粮油出入库收尾工作 3 个模块、11 个项目、34 个任务。每个项目以思维导图突出知识要素，简明清晰，利于学生迅速了解知识脉络和重点、难点。每个任务均由情景描述、学习目标、任务资讯、任务演练、任务评价、巩固练习栏目构成，并配有电子课件、动画、微视频等教学资源，以适应现代职业教育教材建设的数字化、智能化、个性化发展的要求。

本书适合高等职业教育粮食类及相关专业的学生使用，可作为粮油仓储管理员技能等级证书、粮农食品安全评价等"1+X"职业技能等级证书培训教材，也可供粮油仓储管理、粮油产品加工、粮油购销等从业人员参考。

图书在版编目（CIP）数据

粮食信息化运输与出入库作业 / 许方浩，杜小翠，
黎海红主编 .-- 北京：北京理工大学出版社，2024.4
ISBN 978-7-5763-3968-0

Ⅰ . ①粮… Ⅱ . ①许… ②杜… ③黎… Ⅲ . ①粮食—
物流—管理信息系统—高等学校—教材 Ⅳ .
① F724.721-39

中国国家版本馆 CIP 数据核字（2024）第 093855 号

责任编辑：钟　博		**文案编辑**：钟　博	
责任校对：刘亚男		**责任印制**：王美丽	

出版发行 / 北京理工大学出版社有限责任公司

社　　址 / 北京市丰台区四合庄路 6 号

邮　　编 / 100070

电　　话 / (010) 68914026（教材售后服务热线）

　　　　　　(010) 63726648（课件资源服务热线）

网　　址 / http://www.bitpress.com.cn

版 印 次 / 2024 年 4 月第 1 版第 1 次印刷

印　　刷 / 河北鑫彩博图印刷有限公司

开　　本 / 787 mm×1092 mm　1/16

印　　张 / 13

字　　数 / 283 千字

定　　价 / 75.00 元

前　言 Preface

粮食安全是"国之大者"。为贯彻总体国家安全观，统筹发展和安全，实施"以我为主、立足国内、确保产能、适度进口、科技支撑"的国家粮食安全战略，坚持"藏粮于地、藏粮于技"，推进粮食仓储管理的机械化、智能化，全方位夯实粮食安全根基，确保中国人的饭碗牢牢端在自己手中。粮食信息化运输与出入库作业在科技储粮、绿色储粮、安全储粮方面不断开拓创新，实现了在粮油仓储管理的出入库环节对储粮实施设备准备、储粮出入库作业、储粮出入库作业后收尾整理等工作的强力技术保障。

"粮食信息化运输与出入库作业"课程作为粮食储运与质量安全专业的核心课程，承接已学习的粮油食品化学、粮油检验技术、粮油仓储管理职业基础等专业课程，同时为学习后续智能化粮情检查、智能化粮情控制与处理等课程奠定基础。本书以习近平新时代中国特色社会主义思想为指导，以社会主义核心价值观为引领，彰显粮食特色文化底蕴和"爱粮如命，爱库如家"的粮油仓储管理职业道德，以职业院校优质教育资源和校企专家队伍为依托进行编写。本书主要内容包括粮油出入库准备、粮油出入库作业、粮油出入库收尾工作3个模块、11个项目、34个任务。

本书编写分工如下：模块一由杜小翠编写，前言和模块二由许方浩编写，模块三由黎海红、苗德升编写。丁新杰、刘永军、许杰、张豫麒、张笑斐、肖潇、顾涵等在仓储管理技能操作、操作评分标准修改、视频拍摄、练习题编写等方面做了大量的工作。本书在编写过程中得到了江苏省连云港工贸高等职业技术学校、山东商务职业学院、中央储备粮连云港直属库有限公司、江苏省新海国家粮食储备库有限公司等单位的大力支持，在此表示衷心的感谢。

本书适合高等职业教育粮食类及相关专业的学生使用，可作为粮油仓储管理员技能等级证书、粮农食品安全评价等"1+X"职业技能等级证书培训教材，也可供粮油仓储管理、粮油产品加工、粮油购销等从业人员参考。

本书在编写过程中参考借鉴了大量图书、公开出版的法律法规，在此一并向相关作者表示衷心的感谢。

由于编者的时间和水平有限，书中难免存在疏漏或不妥之处，恳请广大读者批评指正。

编　者

目 录 Contents

模块一　粮油出入库准备

项目一　准备仪器设备

项目二　准备围护结构

项目一　准备仪器设备

学习导入

在粮油出入库准备过程中，首先要做的是准备相应的仪器设备。例如，为防止火灾发生准备的干粉灭火器，为粮食接收出入库准备的带式输送机，为粮食除杂准备的滚筒筛、振动筛，在进入污染、危险环境时佩戴的正压式空气呼吸器等。以上设备需要我们在粮食出入库之前准备妥当。

项目导学

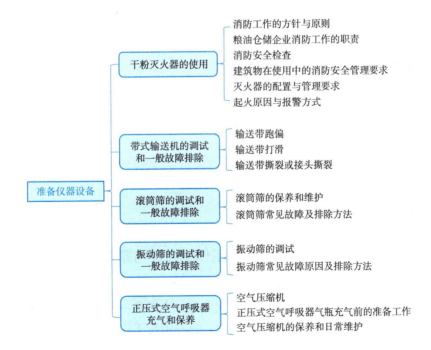

任务一　干粉灭火器的使用

情景描述

　　粮油仓库储存的粮食、油脂、油料及大量使用的垫木、芦席、麻袋、油布等都是易燃物品；在适宜条件下，油脂及其加工副产品极易燃烧，有时还会自燃；另外，许多杀虫剂和化学药品也具有燃爆性能；粮库附有烘干设备等，在生产操作时，极易产生明火，引起火灾。请针对粮库容易发生火灾的特性，养成安全规范操作意识，并且能够使用干粉灭火器进行灭火作业。

学习目标

> **知识目标**

　　(1)了解粮油仓储企业消防工作的职责、消防安全检查、建筑物在使用中的消防安全管理要求、火灾的种类、灭火器的选择、灭火器的设置要求和灭火器的日常管理，以及火灾报警方式等。

　　(2)掌握消防工作的方针与原则、物品起火的三个基本条件和粮油仓库容易发生火灾的原因等。

> **能力目标**

　　能按要求规范使用干粉灭火器进行灭火作业。

> **素养目标**

　　(1)培养学生规范操作、安全生产的意识。

　　(2)树立吃苦耐劳的工匠精神。

　　(3)提高学生综合分析判断和随机应变的能力。

任务资讯

知识点一　消防工作的方针与原则

　　消防工作贯彻"预防为主，防消结合"的方针。应正确理解"防"与"消"的辩证关系，以预防为主，防患于未然，防消结合，做好灭火准备。火灾是一种常见灾害，但实际上绝大多数火灾是人为造成的。因此，抓好宣传教育，重视消防工作，建立、健全科学的规章制度，加强安全防火检查，就能消除火灾隐患，将火灾事故消灭在萌芽状态。

　　消防工作的原则是"政府统一领导、部门依法监管、单位全面负责、公民积极参与"。坚持该原则具体体现为：一是在火灾预防方面，社会各单位和广大公民应自觉遵守消防安全规章制度，及时消除火灾隐患，掌握自防自救基本技能，懂得消防安全知识；二是在灭火救火方面，任何人发现火灾时都要立即报警，发生火灾的单位要及时组织力量扑救。

建立防火安全责任制，不仅要明确责任人应承担的防火安全责任，而且要建立一定的履约制约机制。建立制约机制一般采用两种形式，即签订消防安全目标责任状和对防火安全责任制落实情况进行检查评估。

知识点二 粮油仓储企业消防工作的职责

消防工作的任务是"预防火灾和减少火灾危害，加强应急救援工作，保护人身、财产安全，维护公共安全"。粮油仓储企业担负着国家储备物资安全的重任，随着新技术、新设备、新材料的广泛应用，储备物资数量增加，企业火灾因素日益增多。做好消防工作、预防火灾、确保消防安全是粮油仓储企业和个人应尽的义务。

粮油仓储企业作为消防安全重点单位，其消防工作主要包括以下内容。

(1)制订消防安全制度、消防安全操作规程，建立防火档案。

(2)实行防火安全责任制，确定本单位各部门、岗位的消防安全责任人。实行每日防火巡查并建立巡查记录，特别是对油库、粮库、化学物品库、变配电室等重点部位，要做到定点、定人、定措施管理。

(3)针对本单位特点对职工进行消防宣传教育。

(4)组织防火检查，及时消除火灾隐患。

(5)按照国家有关规定配置消防设施和器材，设置消防安全标志。

(6)制订火灾应急疏散预案，定期组织消防演练。

(7)保障疏散通道、安全出口畅通。

知识点三 消防安全检查

1. 消防安全检查的主要内容

根据《中华人民共和国消防法》的有关规定，消防安全检查的主要内容如下。

(1)易燃、易爆危险品及其他重要物资的生产、使用、储存、运输、销售过程中的防火安全情况。如易燃、易爆危险物品的生产、储存设备是否符合防火技术条件，设备防火安全条件是否齐全、合格、适用等。

(2)用火用电情况及其他水源管理情况。如电气设备、线路安装选型、明火作业等是否符合场所的防火、防爆要求等。

(3)建筑物的平面布局、耐火等级和水源道路情况。如建筑物的装饰装修、防火分隔、防火分区是否符合消防技术规范要求等。

(4)火灾隐患整改情况。如对历次检查发现的火灾隐患的整改，是消防安全检查的一个重点。

(5)消防组织和防火规章制度的建立及执行情况。如单位的专职和群众性义务消防队是否建立健全；对重点部位有无防火规章制度，执行情况如何等。

(6)消防设施、设备、器材情况。如应配备的消防设施、设备、器材等是否符合规定，日常维护是否合理，消防器材是否始终处于完好状态等。

(7)职工的安全思想状况。如职工的防火警惕性及防火意识状况，是否受过消防安教育，效果如何等。

（8）消防安全人员疏散情况。如疏散通道、安全出口是否畅通，是否设置安全疏散标志等，员工是否熟悉疏散通道及自救常识等。

2. 基层单位的消防自查

基层单位的消防自查是开展防火检查的最基本的形式，即在单位消防责任人的领导下，组织相关人员参加的检查。企业单位自查应坚持班组日查、科室周查、单位月查三级检查制度。消防自查分为以下几种。

（1）一般检查。按照岗位防火责任要求，以班组人员对所在仓房等处的防火安全情况进行检查。这种检查通常以班前、班后及交接班为检查重点。

（2）夜间检查。主要依靠夜间值班干部、保安等人员，对电源、火源及其他异常情况进行重点检查。

（3）定期检查。一般结合季节特点或有关安全活动及重大节假日进行检查，通常由单位领导组织并参加。除对所有部位进行检查外，还需对重要部位进行重点检查。

知识点四　建筑物在使用中的消防安全管理要求

建筑物的消防安全管理是消防安全管理工作的一个重要环节。建筑物在使用中的消防安全管理要求如下。

（1）粮库建设工程的消防设计、施工，必须符合国家工程建设消防技术标准。建设、设计、施工、工程监理等单位依法对建设工程的消防设计、施工质量负责。不符合《建筑设计防火规范》(GB 50016—2014)要求的新建、扩建和改建的建筑，不得投入使用。

（2）不能随意改变使用性质。建筑物使用应当与原设计和消防部门审核意见一致，其性质不能随意改变。

（3）不得超量储存和混储。由于仓库建筑物的耐火等级、结构、面积、防火间距等都是根据所储物资的火灾危险性和储存量多少来确定的，所以建筑物作为仓库使用时，要按照《仓库防火安全管理规则》的要求，严格做到限量储存。

（4）不得占用防火间距。任何单位或个人不得随便占用防火间距，更不得在防火间距之间搭建其他建筑物或堆放物品。

（5）不得堵塞安全疏散通道、安全门。建筑物的安全疏散通道和安全门是人们的求生道，应确保其畅通无阻。

知识点五　灭火器的配置与管理要求

1. 火灾的种类

根据可燃物的类型和燃烧特性，火灾可划分为以下几类：A 类火灾，即固体物质火灾；B 类火灾，即液体火灾或可熔化固体物质火灾；C 类火灾，即气体火灾；D 类火灾，即金属火灾；E 类火灾，即物体带电燃烧的火灾；F 类火灾，即烹饪器具内的烹饪物火灾。

2. 灭火器的选择

（1）在同一灭火器配置场所，宜选用相同类型和操作方法的灭火器。当同一灭火器配置场所存在不同火灾种类时，应选用通用型灭火器。

（2）在同一灭火器配置场所，当选用两种或两种以上类型灭火器时，应采用灭火剂相容的灭火器。

（3）A类火灾场所应选择水型灭火器、磷酸铵盐干粉灭火器、泡沫灭火器或卤代烷灭火器。

（4）B类火灾场所应选择泡沫灭火器、碳酸氢钠干粉灭火器、磷酸铵盐干粉灭火器、二氧化碳灭火器、灭B类火灾的水型灭火器或卤代烷灭火器。极性溶剂的B类火灾场所应选择灭B类火灾的抗溶性灭火器。

（5）C类火灾场所应选择磷酸铵盐干粉灭火器、碳酸氢钠干粉灭火器、二氧化碳灭火器或卤代烷灭火器。

（6）D类火灾场所应选择扑灭金属火灾的专用灭火器。

（7）E类火灾场所应选择磷酸铵盐干粉灭火器、碳酸氢钠干粉灭火器、卤代烷灭火器或二氧化碳灭火器，但不得选用装有金属喇叭喷筒的二氧化碳灭火器。

（8）扑救粮油仓房发生的火灾应选用干粉灭火器。

3. 灭火器的设置要求

（1）灭火器应设置在位置明显和便于取用的地点，且不得影响安全疏散。

（2）对有视线障碍的灭火器设置点，应设置指示其位置的发光标志。

（3）灭火器的摆放应稳固，其铭牌应朝外。手提式灭火器宜设置在灭火器箱内或挂钩、托架上，其顶部距离地面高度不应大于1.5 m；底部距离地面高度不宜小于0.08 m。灭火器箱不得上锁。

（4）灭火器不宜设置在潮湿或强腐蚀性的地点。当必须设置时，应有相应的保护措施。

（5）灭火器设置在室外时，应有相应的保护措施。

（6）灭火器不得设置在超出其使用温度范围的地点。

视频：干粉灭火器
的基础知识

4. 灭火器的日常管理

灭火器的日常管理见表1-1-1。

表1-1-1　灭火器的日常管理

灭火器的种类	放置的环境要求	日常管理
清水灭火器	（1）环境温度为4～45 ℃。 （2）通风、干燥	（1）定期检查储气瓶，如发现动力气体的质量减少10%时，应重新充气，并查明泄漏原因及部位，予以修复。 （2）使用2年后，应进行水压试验，并标明试验日期
泡沫灭火器	环境温度为4～45 ℃	（1）每次使用后应及时打开筒盖，将筒体和瓶胆清洗干净，并充装新的灭火药液。 （2）使用2年后，应进行水压试验，并标明试验日期
酸碱灭火器	环境温度为4～45 ℃	（1）每年更换一次灭火药液。 （2）同泡沫灭火器（1）、（2）条
二氧化碳灭火器	环境温度≤55 ℃且不能接近火源	（1）每年用称重法检查一次重量，泄漏量不大于充装量的5%；否则，应重新灌装。 （2）使用5年后，应进行一次水压试验，并标明试验日期

续表

灭火器的种类	放置的环境要求	日常管理
卤代烷灭火器	(1)环境温度为-10~45 ℃。 (2)通风、干燥，远离火源和采暖设备，避免日光直接照射	(1)每隔半年检查一次灭火器压力表，如压力表指针指示在红色区域内，应立即补足灭火剂和氮气。 (2)每隔5年或再次充装灭火剂前，应进行水压试验，并标明试验日期
干粉灭火器	(1)环境温度为-20~50 ℃。 (2)通风、干燥	(1)定期检查干粉是否结块和动力气体压力是否充足。 (2)一经打开使用，无论是否用完，都必须进行再次充装，充装时不得变换品种。 (3)动力气瓶充装二氧化碳气体前，应进行水压试验，并标明试验日期

知识点六　起火原因与报警方式

1. 物品起火的三个基本条件

一是要有可燃物品，如粮食、油脂、油料、麻(面)袋、木材、苫盖物等；二是要有助燃物品，如空气(氧)、氯、溴、氯酸钾等；三是要有火源，如明火、摩擦、化学能、电火花、聚集的日光等。物品起火的上述三个基本条件需同时满足，才能引起燃烧。

2. 粮油仓库容易发生火灾的原因

(1)粮油仓库储存的粮食、油脂、油料等都是可燃物品，特别是油脂及其加工副产品，在适宜条件下极易燃烧，有时还会自燃。

(2)粮油仓库中大量的垫木、芦席、麻袋、油布等都是易燃物品。另外，许多杀虫剂和化学药品也具有燃爆性能。

(3)个别老旧仓库中木质结构较多，电气设备老化失修。

(4)粮库附有烘干设备，油库附有炼油厂，在生产操作时极易产生明火，引起火灾。

3. 火灾报警方式

任何人发现火灾时都应立即报警，报警是每个公民应尽的义务。经验告诉我们，起火之后的十几分钟是将火扑灭的关键时刻。把握住这个关键时刻主要应做到两点：一是利用现场灭火器材及时扑救；二是及时报警。

除装有自动报警系统的单位可自动报警外，其他单位或个人可根据条件分别使用以下方法报警。

(1)向单位和周围的人群报警。报警时可采用电话、警铃、有线广播、敲锣及约定的报警手段报警，也可派人到本单位专职消防队报警。

(2)拨打"119"火警电话报警。打电话报警时应讲清楚发生火灾的单位、详细地址、起火物品、火势情况、报警人姓名、联系电话等内容。

干粉灭火器的使用

 工作任务

针对粮库容易发生火灾的特性，养成安全规范操作意识，使用干粉灭火器进行防火作业。

任务实施

一、任务分析

使用干粉灭火器需要明确以下问题。

(1)消防工作的方针与原则。

(2)粮油仓储企业消防工作的职责。

(3)消防安全检查内容。

(4)建筑物在使用中的消防安全管理要求。

(5)灭火器的配置与管理要求。

(6)起火原因与报警方式。

二、器材准备

干粉灭火器、消防器材使用记录表、铁皮箱、可燃物、酒精或煤油、灭火毯、安全帽等。

三、操作步骤

(1)检查干粉灭火剂保质期和罐内气压。

(2)将灭火器颠倒摇动几次，松动灭火剂。

(3)拔去保险插销，站在上风方向，展开喷管。

(4)喷嘴对准火焰根部，按下压把，由近及远左右晃动扫喷。

(5)灭火后，松开压把，停止喷粉。

(6)清理现场。

四、注意事项

(1)使用前检查罐内气压。

(2)严禁将干粉灭火器对人脸部喷射。

(3)移动干粉灭火器时，不能将其扛在肩上。

(4)当罐内干粉结块时，应及时处理更换。

视频：使用干粉
灭火器灭火

 报告填写

填写干粉灭火器使用过程记录表，见表1-1-2。

表1-1-2　干粉灭火器使用过程记录表

使用时间:	使用地点:	使用人:	使用原因:
干粉灭火器保质期			
干粉灭火器罐内气压			

续表

使用时间：	使用地点：	使用人：	使用原因：
干粉灭火器使用过程			
干粉灭火器灭火效果			
干粉灭火器的管理			

 任务评价

按照表 1-1-3 评价学生工作任务完成情况。

表 1-1-3　干粉灭火器的使用评价表

班级：　　　　　　姓名：　　　　　　学号：　　　　　　成绩：

试题名称		干粉灭火器的使用			考核时间：20 min		
序号	考核内容	考核要点	配分	评分标准	扣分	得分	备注
1	准备工作	点燃可燃物	5	鉴定站工作人员完成	—	—	
		安全防护		未戴安全帽、未穿工作服，扣 5 分			
2	操作前提	干粉灭火器检查	15	未检查罐体完好性，扣 3 分			
				未检查保质期，扣 3 分			
				未检查罐内气压，扣 3 分			
				未检查喷粉管完好性，扣 3 分			
				未检查保险销，扣 3 分			
3	操作过程	操作动作正确	60	无明显上下颠倒动作，扣 10 分			
				颠倒次数未达 2 次以上，扣 10 分			
				未拔掉保险销，扣 10 分			
				未站在上风方向灭火，扣 10 分			
				未对准火源根部由近及远扫射，扣 10 分；操作不规范，扣 10 分			
4	操作结果	灭火成功	15	未检查灭火效果，扣 3 分			
				未汇报灭火结果，扣 2 分			
				灭火未成功，扣 10 分			
5	使用工具	熟练规范使用仪器设备	5	灭火器使用不熟练、不规范，扣 2 分			
		仪器设备使用维护		灭火器未放回指定位置，扣 3 分			
6	安全及其他	按国家法规或有关安全规定操作	—	违规停止操作	—	—	
		在规定时间内完成操作		超时停止操作		—	
合计			100	总得分			
否定项说明：损坏器材□；违章操作□；发生事故□							

巩固练习

一、填空题

1. 消防工作应贯彻"_____"方针。

2. 粮油仓储企业作为消防安全的重点单位，在其消防安全工作中应按照国家有关规定配置消防设施和器材，设置_____。

3. 扑救粮油仓房发生的火灾应选用_____灭火器。

二、单选题

1. 消防工作贯彻的方针是（　　）。
 A. 预防为主，消防为辅　　　　　　B. 预防为主，综合防治
 C. 预防为主，防消结合　　　　　　D. 以防为主，综合防治

2. 下列（　　）不是消防检查的分类。
 A. 一般检查　　　B. 夜间检查　　　C. 定期检查　　　D. 单位月查

3. 扑救粮油仓房发生的火灾应选用（　　）。
 A. 泡沫灭火器　　　　　　　　　　B. 干粉灭火器
 C. 二氧化碳灭火器　　　　　　　　D. 卤代烷灭火器

三、多选题

1. 消防工作的原则是（　　）。
 A. 政府统一领导　B. 部门依法监管　C. 单位全面负责　D. 公民积极参与

2. 粮油仓储企业作为消防安全的重点单位，其消防安全工作主要包括（　　）。
 A. 制订消防安全制度、消防安全操作规程，建立防火档案
 B. 针对本单位特点对职工进行消防宣传教育
 C. 组织防火检查，及时消除火灾隐患
 D. 按照国家有关规定配置消防设施和器材，设置消防安全标志

3. 物品起火需同时满足（　　）条件才能引起燃烧。
 A. 可燃物品　　　B. 助燃物品　　　C. 火源　　　　D. 易燃物品

四、判断题

1. 使用干粉灭火器时，应将喷嘴对准火焰根部，按下压把，由近及远左右晃喷扫喷。（　　）

2. 企业单位自查应坚持班组日查、科室周查、单位月查三级检查制度。（　　）

3. 灭火器应设置在位置明显和便于取用的地点，且不得影响安全疏散。（　　）

任务二　带式输送机的调试和一般故障排除

 情景描述

2023年×月×日某粮食经纪人将一车小麦送至粮库，经粮库化验室检验，符合入库

标准，经称量计重后，准备入库3号仓房。在粮食出入库流程中，带式输送机使用的频率非常高，频繁使用或不合理使用常会导致带式输送机出现各种故障。请对具体使用的带式输送机进行调试和一般故障排除。

 **学习目标**

> **知识目标**

理解带式输送机输送带跑偏、打滑等常见故障发生的原因。

> **能力目标**

会排除带式输送机输送带跑偏、打滑等常见故障。

> **素养目标**

(1)培养学生安全规范操作的职业素养。

(2)培养学生发现问题、分析问题、解决问题的能力。

任务资讯

知识点一　输送带跑偏

1. 输送带跑偏的原因

(1)传动滚筒或机尾滚筒两头直径大小不一。

(2)机头传动滚筒与尾部滚筒不平行。

(3)机头传动滚筒、尾部滚筒轴中心线与机身中心线不垂直。

(4)托辊安装不正。

(5)给料位置不正。

(6)输送带接头不正或输送带老化变质，造成两侧偏斜。

(7)机身不正。

视频：带式输送机的
结构和原理

2. 输送带跑偏的预防与处理

输送带跑偏调整示意如图1-1-1所示。

(1)自动托辊调偏。当输送带跑偏范围不大时，可在输送带跑偏处安装调心托辊。

(2)单侧立辊调偏。当输送带始终向一侧跑偏时，可在跑偏的一侧跑偏范围内加装若干立辊，使输送带复位。

(3)适度拉紧调偏。当输送带跑偏忽左忽右、方向不定时，说明输送带过松，可适当调整拉紧装置以消除跑偏。

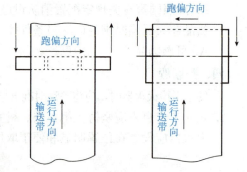

图1-1-1　输送带跑偏调整示意

(4)调整滚筒跑偏。当输送带在滚筒处跑偏时，检查滚筒是否异常或窜动，调整滚筒至水平位置正常转动，以消除跑偏。

(5)校正输送带接头调偏。当输送带始终沿一个方向跑偏，而且最大跑偏在接头处时，可校正输送带接头与输送带中线垂直消除跑偏。

(6)校正给料调偏。当输送带轻载不跑偏，重载跑偏时，可调整给料重量及位置消除跑偏。

(7)校正支架调偏。当输送带跑偏方向、位置固定，跑偏严重时，只有通过调整支架的水平和垂直度，才可能消除跑偏。

知识点二　输送带打滑

1. 输送带打滑的原因

(1)输送带张力不够。

(2)机头或输送带上有水，造成驱动滚筒和输送带间的摩擦系数减小。

(3)输送带上装载过多。

(4)输送带严重跑偏，导致输送带被卡住。

2. 输送带打滑的预防与处理

(1)经常检查输送带的张紧程度，适度拉紧输送带。

(2)经常检查输送带接头的情况。

(3)控制装载量，严禁超载运行。

(4)停机时要卸完输送带上的粮油，且不得再装载。

视频：带式输送机的
调试和故障排除

知识点三　输送带撕裂或接头撕裂

1. 输送带撕裂或接头撕裂的原因

(1)输送带张力不够。

(2)输送带超期使用，严重老化。

(3)大块物料或杂物卡住输送带。

(4)输送带接头质量低劣。

(5)输送带因跑偏被机架卡住。

(6)输送带输送机的张紧装置在输送带上的张紧力过大。

2. 输送带撕裂或接头撕裂的预防与处理

(1)更换符合要求的输送带。

(2)输送带达到使用寿命期限时，应及时更换。

(3)严格控制，防止大块物料或杂物卡住输送带。

(4)去掉接头质量低劣的输送带，重新连接。

(5)调整滚筒、托辊或机架，或安装调偏托辊、防偏保护装置，防止输送带跑偏；及时发现输送带跑偏，立即停机处理。

(6)将张紧装置调整适度，保持输送带具有适度的张紧力。

《粮食带式输送机》
(LS/T 3515—1992)

《带式输送机 安全规
范》(GB 14784—2013)

任务演练

带式输送机的调试和一般故障排除

 工作任务

请根据本任务"情景描述"中带式输送机的使用情况，对具体使用的带式输送机进行调

试和一般故障排除。

 任务实施

一、任务分析

带式输送机的调试和一般故障排除需要明确以下问题。

(1)输送带跑偏的原因，以及预防与处理的方法。

(2)输送带打滑的原因，以及预防与处理的方法。

(3)输送带撕裂或接头撕裂的原因，以及预防与处理的方法。

二、器材准备

带式输送机、扳手、螺钉旋具、零件清洗液、润滑油、安全帽和工作手套等。

三、操作步骤

(1)按照要求，正确摆放、固定带式输送机。

(2)开机前，检查胶带表面或接头处是否有磨损或缺口，检查胶带松紧程度，检查传动装置、保护装置、连接装置、滚筒、轴承座等是否有破损、变形、松动等情况。

(3)空载启动带式输送机，先点动，观察其运行正常后，方可正式启动。

(4)空载运行，观察运行时各部件的状态，发现有输送带跑偏、打滑等故障时，应立即停机。

(5)分析产生故障的原因，并尝试排除故障。

(6)再次试运行，观察带式输送机的运行情况，直至运行正常。

四、注意事项

(1)带式输送机要求空载启动，以减小启动阻力。

(2)若发生故障，需在故障排除后，方可重新启动。

(3)带式输送机不使用时，应覆盖油布，避免日晒、夜露和雨淋，以防止输送机腐蚀和生锈；若较长时间不使用，应调松胶带，入库保存。

 报告填写

填写带式输送机的调试及一般故障排除记录表，见表1-1-4。

表 1-1-4 带式输送机的调试及一般故障排除记录表

安全防护工具准备情况	
带式输送机开机前的检查内容	
带式输送机开机调试及故障排除情况	
带式输送机的运转情况	

 任务评价

按照表 1-1-5 评价学生工作任务完成的情况。

表 1-1-5 带式输送机的调试及一般故障排除评价表

班级： 姓名： 学号： 成绩：

试题名称				带式输送机的调试及一般故障排除	考核时间：25 min		
序号	考核内容	考核要点	配分	评分标准	扣分	得分	备注
1	准备工作	安全防护	6	未戴安全帽，未穿工作服，扣 3 分			
		工具准备		检查相关工具，错误扣 3 分，不全面扣 2 分			
2	操作前提	输送机开机前的检查	14	检查胶带表面状态，错误扣 2 分			
				检查胶带松紧度，错误扣 2 分			
				检查传动装置，错误扣 2 分			
				检查保护装置，错误扣 2 分			
				检查连接装置，错误扣 2 分			
				检查滚筒，错误扣 2 分			
				检查轴承座，错误扣 2 分			
3	操作过程	输送机开机调试及故障排除操作规范	50	未空载启动，扣 5 分			
				未检查电机正反转，扣 5 分			
				未检查托辊运转情况，扣 5 分			
				未检查胶带是否跑偏，扣 5 分			
				未检查胶带是否打滑，扣 5 分			
				未发现故障现象，扣 5 分			
				故障原因分析错误，扣 10 分，不全面扣 5 分			
				故障排除操作错误扣 10 分			
4	操作结果	带式输送机运转正常	25	未再次空载启动，扣 5 分			
				未再次检查输送机的运转情况，扣 5 分			
				输送机运转仍不正常，扣 10 分			
				口述故障排除后输送机的日常管理和维护，要点错误扣 5 分，不规范、不全面扣 3 分			
5	使用工具	熟练规范使用仪器设备	5	仪器设备使用不规范、不熟练，扣 2 分			
		工具使用维护		操作结束后工具未归位，扣 3 分			

续表

试题名称		带式输送机的调试及一般故障排除			考核时间：25 min		
序号	考核内容	考核要点	配分	评分标准	扣分	得分	备注
6	安全及其他	按国家法规或企业规定	—	违规停止操作	—		
		在规定时间内完成操作		超时停止操作	—		
合计			100	总得分			
否定项说明：未停机就排除故障□；损坏设备工具□；违规操作□；发生事故□							

巩 固 练 习

一、单选题

1. 下列关于带式输送机输送带跑偏的原因分析，说法正确的是（　　）。
   A. 机头传动滚筒与尾部滚筒不平行　　B. 输送带上有水
   C. 大块物料或杂物卡住输送带　　　　D. 输送带上的张紧力过大

2. 下列关于带式输送机输送带跑偏的原因分析，说法正确的是（　　）。
   A. 输送带上有水　　　　　　　　　B. 输送带上装载偏多
   C. 输送带上装载偏少　　　　　　　D. 输送带接头不正

3. 下列关于带式输送机输送带打滑的原因分析，说法错误的是（　　）。
   A. 输送带张力不够　　　　　　　　B. 输送带接头不正
   C. 机头部或在输送带上有水　　　　D. 输送带上装载过多

4. 当输送带跑偏忽左忽右、方向不定时，正确的处理方法是（　　）。
   A. 控制装载量，严禁超载运行
   B. 在跑偏的一侧对面加装若干立辊
   C. 适当调整拉紧装置
   D. 将张紧装置调整适度，保持输送带具有较小的张紧力

5. 下列关于输送带张力不够而产生输送带打滑的处理，说法正确的是（　　）。
   A. 校正输送带接头与输送带中线垂直
   B. 适当调整拉紧装置，降低输送带张紧程度
   C. 经常检查输送带的张紧程度，适度拉紧输送带
   D. 调整给料质量及位置

二、多选题

1. 下列关于带式输送机输送带跑偏的原因分析，说法正确的有（　　）。
   A. 传动滚筒、尾部滚筒轴中心线与机身中心线不垂直
   B. 托辊安装不正
   C. 机头传动滚筒与尾部滚筒不平行
   D. 输送机机身不正

2. 下列关于带式输送机输送带打滑的原因分析,说法正确的有( )。

    A. 输送带上装载过多   B. 输送带张力不够

    C. 机头部或在输送带上有水   D. 严重跑偏,输送带被卡住

3. 带式输送机输送带上装载过多使输送带打滑,处理方法错误的有( )。

    A. 装载量要控制,严禁超载运行

    B. 调整支架的水平和垂直度

    C. 校正输送带接头与输送带中线垂直

    D. 调整给料质量及位置

三、判断题

1. 带式输送机的机头部或输送带上有水,造成驱动滚筒和输送带间的摩擦系数降低,会使输送带跑偏。 ( )

2. 带式输送机的输送带上张紧力过大,会使输送带打滑。 ( )

3. 带式输送机停机时,要卸完输送带上的粮油,不得再装载,以预防输送带打滑。 ( )

4. 当带式输送机的输送带轻载不跑偏,重载跑偏时,可调高张紧程度。 ( )

任务三　滚筒筛的调试和一般故障排除

情景描述

2023年×月×日,某粮食经纪人将一车小麦送至粮库,经粮库化验室检验,符合入库标准,经称量计重后,准备入库3号仓房。在粮食出入库流程中,正确使用滚筒筛清理粮油对保证入库粮食的品质起着非常重要的作用,但不合理地使用滚筒筛常会导致其出现各种各样故障。请对滚筒筛进行调试和一般故障排除。

学习目标

> **知识目标**

(1)理解滚筒筛的维护方法。

(2)掌握滚筒筛常见的故障及产生的原因。

> **能力目标**

(1)会调试滚筒筛,达到使滚筒筛正常运转的目的。

(2)会排除滚筒筛噪声过大、轴承发热、电动机发热等常见故障。

> **素养目标**

(1)培养学生安全规范操作的职业素养和综合分析判断的职业能力。

(2)培养学生团队协作攻坚的能力,树立严谨、专注的职业责任感。

任务资讯

知识点一　滚筒筛的保养和维护

　　滚筒筛的产量较大,可连续长时间作业,故保养和维护需要及时跟进。保养和维护的重点主要是筛面的检查和清理,转动部件的检查、清理和润滑,除尘机构的检查清理和维护。在使用过程中注意做好筛网防护,均匀进料,避免过载,防止砖石等硬物进入,做好筛网清理,保持筛网整洁、无变形、无不正常漏粮。电动机、主轴承、链条、皮带等主要动力传动部分要定期清理和上油润滑。对除尘机构主要是做好风机叶轮、电机的检查维护;对有除尘布袋或沙颗笼的,要及时做好内部清理。停用时,除做好一般保养外,还要做好防雨、防潮和防锈工作。

视频:滚筒筛的
基础知识

知识点二　滚筒筛常见故障及排除方法

　　滚筒筛在使用过程中难免会出现一些故障,容易出现的故障、原因及排除方法如下。

1."咔嗒"噪声

(1)原因:滚筒筛螺栓松动。

(2)排除方法:重新紧固螺栓或其他紧固件。

2. 滚筒筛旋转方向错误

(1)原因:电机动力缆接错。

(2)排除方法:更换接线盒中任意 2 根动力线。

3. 齿轮箱发热

(1)原因:缺少润滑剂,箱体内通风效果不好。

(2)排除方法:添加润滑剂,检查并调节通风口的散热。

4. 电动机发热

(1)原因:电动机冷却时间过短,工作环境温度高于 40 ℃,电动机超载,连接线有松动,星形三角形接线不对。

(2)排除方法:清扫电动机的散热片,检查风扇叶轮是否工作正常,确保新鲜空气的通畅性,降低负荷,紧固连接,检查后重新接线。

5. 滚筒筛工作时噪声过大

(1)原因:滚轮润滑剂分配不到位。

(2)排除方法:添加润滑剂,若滚轮磨损严重,则及时更换。

6. 轴承发热

(1)原因:轴承润滑剂分配不到位。

(2)排除方法:添加润滑剂,若轴承磨损严重,则及时更换。

视频:滚筒筛
的调试和一般
故障排除

滚筒筛的调试和一般故障排除

 工作任务

请根据本任务"情景描述"中滚筒筛的使用情况，对滚筒筛进行调试和一般故障排除。

 任务实施

一、任务分析

滚筒筛的调试和一般故障排除需要明确以下问题。

(1)滚筒筛的保养和维护的重点。

(2)滚筒筛的常见故障及排除方法。

二、器材准备

滚筒筛、扳手、螺钉旋具、零件清洗液、润滑油、安全帽和工作手套等。

三、操作步骤

(1)详细检查各部件安装是否正确，各紧固件是否牢靠，筛体周围是否有妨碍滚筒筛运行的障碍物。

(2)检查并确认滚筒筛各部件安装合格后，可进行试运转。将检修门打开，手动盘车旋转筛，观察滚筒有无卡顿、摩擦现象，若有，则可通过调整螺栓进行处理。

(3)检查各轴承座、变速箱润滑是否良好，变速箱油位是否适当。

(4)确认电源接头牢固可靠，绝缘良好，接地正确。

(5)点动电机控制按钮，检查电机运转方向、除尘风机、圆筒转向是否与标识方向一致。

(6)正式启动设备运转 4～6 h，观察滚筒筛运行情况，若发现异常声响或其他现象，应及时停机检查，找出原因，排除故障。试运转期间应检查下列项目：大轴轴承温度，要求最高温度不超过 75 ℃，温升不超过 45 ℃；各处紧固螺栓的紧固情况，若发现松动应及时拧紧。

(7)在滚筒筛处于运转平稳的状态下，按筛选的粮油状况及所需生产率，调整好圆筒倾斜角度。启动进料及出料设备，进行投料试车。

(8)正常出料后关闭密封隔离罩(正常运行时，密封隔离罩应始终处于关闭位置)。

(9)在设备工作过程中，观察粮油出入设备是否运转正常，保证筛下物出口保持通畅、无堵塞、无正常粮油混入。

(10)运转半小时，对各部件进行仔细检查，若发现问题应及时处理。停机前排空机内存粮。

四、注意事项

(1)开机前，圆筒中不应存有粮油及其他杂物，筛网要合适、无破损，筛网规格应符合清理的物料粒型。

(2)滚筒筛应安放平稳，运转正常后，方可均匀进粮，先启动出粮端输送机。在工作过程中不能出现位移。

(3)滚筒筛工作时，各部位的检查窗要全部关闭；要注意观察圆筒运转是否灵活、平稳，不应有异常碰撞、摩擦或异响。

(4)出现异常碰撞和摩擦时，要及时停机检查，严禁机器带病作业；在停机检修过程中，要断电作业。

 报告填写

填写滚筒筛的调试和一般故障排除记录表，见表 1-1-6。

表 1-1-6　滚筒筛的调试和一般故障排除记录表

安全防护工具准备情况	
滚筒筛开机前的检查内容	
滚筒筛调试及故障排除情况	
滚筒筛的运转情况	

 任务评价

按照表 1-1-7 评价学生工作任务完成情况。

表 1-1-7　滚筒筛的调试及一般故障排除评价表

班级：　　　　　姓名：　　　　　学号：　　　　　成绩：

试题名称			滚筒筛的调试及一般故障排除			考核时间：25 min		
序号	考核内容	考核要点	配分	评分标准		扣分	得分	备注
1	准备工作	安全防护	6	未戴安全帽，未穿工作服，扣 3 分				
		工具准备		检查相关工具，错误扣 3 分，不全面扣 2 分				
2	操作前提	滚筒筛开机前的检查	20	未做好前后轮挡靠或固定，防止设备偏载或位移，扣 5 分				
				圆筒中存有粮食及其他杂物，扣 5 分				
				未检查筛网有无破损，扣 5 分				
				未检查筛网规格是否符合清理的物料粒型，扣 5 分				
3	操作过程	滚筒筛的调试及故障排除操作规范	55	未空载启动，扣 5 分				
				未检查电机运转方向与标识方向一致，扣 5 分				
				未检查除尘风机转向应与标识方向一致，扣 5 分				
				未检查圆筒转向应与标识方向一致，扣 5 分				

续表

试题名称		滚筒筛调试及一般故障排除			考核时间：25 min		
序号	考核内容	考核要点	配分	评分标准	扣分	得分	备注
3	操作过程	滚筒筛调试及故障排除操作规范	55	未依据筛选的粮食状况及所需生产率，调整好圆筒倾斜角度，扣10分			
				未发现故障现象，扣5分			
				故障原因分析错误，扣10分，分析不全面扣5分			
				故障排除操作错误，扣10分			
4	操作结果	滚筒筛运转正常	15	未再次空载启动滚筒筛，扣5分			
				滚筒筛运转仍不正常，扣5分			
				口述故障排除后滚筒筛日常管理和维护要点，错误扣5分，不规范、不全面扣3分			
5	使用工具	熟练规范使用仪器设备	4	仪器设备使用不规范、不熟练，扣2分			
		工具使用维护		操作结束后工具未归位，扣2分			
6	安全及其他	按国家法规或企业规定	—	违规停止操作	—		
		在规定时间内完成操作		超时停止操作	—		
	合计		100	总得分			

否定项说明：未停机就排除故障□；损坏设备工具□；违规操作□；发生事故□

巩 固 练 习

一、填空题

1. 滚筒筛保养和维护的重点部位主要是_____、转动部件和除尘机构等。

2. 滚筒筛工作过程中出现"咔嗒"噪声的主要原因是_____。

3. 滚筒筛旋转方向错误的主要原因是_____。

二、多选题

1. 滚筒筛保养和维护的重点是(　　)。

　　A. 筛面的检查和清理　　　　　　B. 转动部件的检查、清理和润滑

　　C. 除尘机构的检查清理和维护　　D. 托辊运转是否正常

2. 滚筒筛电动机发热的主要原因可能是(　　)。

　　A. 电动机冷却时间过短　　　　　B. 电动机的工作环境温度高于40 ℃

　　C. 电动机超载　　　　　　　　　D. 电动机连接线有松动

三、判断题

1. 在使用滚筒筛的过程中应注意做好筛网防护，均匀进料，避免过载，防止砖石等硬物进入，做好筛网清理，保持筛网整洁、无变形、无不正常漏粮。 （　　）

2. 滚筒筛工作过程中出现"咔嗒"噪声的主要原因是滚筒筛螺栓松动。排除方法是重新紧固螺栓或其他紧固件、添加润滑剂。 （　　）

3. 滚筒筛旋转方向错误的原因是电机动力线接错。排除方法是更换接线盒中任意2根动力线。 （　　）

4. 滚筒筛齿轮箱发热原因是缺少润滑剂，箱体内通风效果不好。排除方法是添加润滑剂，更换轴承和滚轮，检查并调节通风口的散热。 （　　）

任务四　振动筛的调试和一般故障排除

情景描述

2023年×月×日，某粮食经纪人将一车稻谷送至粮库，经粮库化验室检验，符合入库标准，经称量计重后，准备入库8号仓房。在稻谷堆入库流程中，正确使用振动筛清理杂质可以加强储粮稳定性，但不合理地使用振动筛常会导致其出现各种各样故障，造成设备损坏及稻谷堆清理不彻底。请对振动筛进行调试和一般故障排除。

学习目标

➢ **知识目标**
(1)理解振动筛的调试方法。
(2)掌握振动筛常见故障原因及排除方法。

➢ **能力目标**
(1)会调试振动筛，达到正常运转的目的。
(2)会排除振动筛筛选不彻底、筛下物混有正常粮油、皮带或链条打滑等常见故障。

➢ **素养目标**
(1)培养学生安全规范操作的职业素养和综合分析判断的职业能力。
(2)培养学生团队协作攻坚的能力，树立严谨、专注的职业责任感。

任务资讯

知识点一　振动筛的调试

1. 振动筛筛体倾角的调试

将移动底盘调至水平，将筛箱调整到合适角度，一般在0°～17°范围内。

2. 振动筛振幅的调试

需要调试振幅时，可以通过调试振动电动机轴两端的偏心重块来实现。两偏心块重合度越小，得到的振幅就越小；反之，得到的振幅越大。筛体两侧电动机偏心块重合度应一致，两侧电机轴两端偏心块重合度也调试一致。调试好后，将电动机两端的保护罩安装好。

3. 振动筛振动方向角的调试

将振动方向角调整至0°～45°范围内，粮仓清理物料一般调整至37°。需要改变振动方向角时，只需将转向盘4个固定螺栓松开，转动振动电机转向盘即可。注意筛体两侧角度要一致。

4. 风选除尘风机的调试

运行前，要确认驱动装置必须配有防护罩，各观察孔、清理盖必须关好，风机必须按正确方向运转。

轻杂分离效果可以通过调节风道板实现。调试吸风道侧面标有"大""小"的竖直调整杆，可调节吸风量的大小；调整吸风道两端的圆形旋钮，其控制的挡板向里运动，可使吸风量变大，反之，则变小；在吸风道与筛箱体侧安装有可上、下调节挡风板的旋钮，将挡风板向上调节，吸风量变小，反之，则变大。如果通过以上几个环节，若仍不能使吸风量降至理想范围内，则可以通过打开主风机进风口侧的活动盖板，完成卸风，减小风量，再重新进行上述风量调节方法。

视频：振动筛的结构与工作原理

5. 移动底盘的调试

当清理完一个地点的物料，将清理筛移动到另一个地点时，应将四支撑螺杆提起，底盘至地面距离以不妨碍行走为原则。行走时，要注意路面上是否有障碍物，要慢慢进行，行走太快会导致失控，易酿成事故。行至要求地点后，将支撑螺杆向下调节，让其起到一定的支撑作用，同时防止车体运转过程中的晃动。

知识点二　振动筛常见故障原因及排除方法

（1）物料筛选不彻底。主要原因可能是筛网规格选择不合适、物料流量过大、筛筒角度不合理、筛网堵塞。应根据物料的粒型及大小更换合适的筛网，或适当调小物料流量，适当调整低筛筒角度，定期清理筛网，保证杂质通过性。如有大型杂质混入正常粮油，原因可能是粗筛网破碎，应及时修补或更换。

（2）筛下物混有正常粮油。主要原因可能是细筛网破损，或者细筛网规格选择不合适，筛孔过大。应及时更换合适筛孔的筛网，并且保证筛网完好。

（3）风选除尘风机有异响或清理效果差。主要原因可能是风机进入异物，使叶轮变形受损。应及时拆检清理，恢复叶轮至正常状态。

（4）皮带或链条打滑。主要原因是皮带或链条、齿轮磨损严重，还有可能是停机时筛内粮油未排除干净，负重启动。应及时更换皮带、链条和齿轮，或清理筛内粮油，空载启动。

《振动筛 筛板磨耗》
（GB/T 26964—2011）

（5）变速箱有异响、漏油。变速箱有异响可能是因为缺少润滑油，或内部齿轮损坏；漏油可能是因为密封垫老化损坏，应及时加油或拆检更换。

（6）振动电动机不同步，振动频率不稳定。主要原因可能是电动机互锁装置功能受损，应及时修理或更换。

任务演练

振动筛的调试及一般故障排除

 工作任务

请根据本任务"情景描述"中振动筛的使用情况，对振动筛进行调试和一般故障排除。

 任务实施

一、任务分析

振动筛的调试和一般故障排除需要明确以下问题。

(1)振动筛的调试内容及方法。

(2)振动筛的常见故障原因及排除方法。

二、器材准备

振动筛、振动筛使用手册、组合工具、振动筛配件等。

三、操作步骤

(1)物料筛选不彻底。检查筛网规格、物料流量、筛筒角度等，并及时调整、修补或更换。

(2)筛下物混有正常粮油。检查细筛网规格、有无破损等，更换合适筛孔的完好筛网。

(3)风选除尘风机有异响或清理效果差。检查风机叶轮等，并拆检维修。

(4)皮带或链条打滑。检查皮带或链条、齿轮，检查筛内粮油是否排除干净，并更换皮带、链条和齿轮，或清理筛内粮油，空载启动。

(5)变速箱有异响、漏油。检查润滑油、齿轮、密封垫等，应及时加油或拆检更换。

(6)减振系统的滑动轴承过热或弹性橡胶弹簧破裂、脱出或变形过大。应及时更换。

(7)振动电动机不同步，振动频率不稳定。可能是电动机互锁装置功能受损，应及时修理或更换。

四、注意事项

(1)仔细阅读设备使用说明书，排除故障时应排空粮油，停机处理。

(2)出现故障时应立即停机，防止设备带病作业。

(3)清理和更换筛面时，严禁硬物敲打。

 报告填写

填写振动筛的调试及一般故障排除记录表，见表1-1-8。

表1-1-8　振动筛的调试及一般故障排除记录表

安全防护工具准备情况	
振动筛的静态检查及调试内容	
振动筛空载运行检查与调试内容	

续表

振动筛加料试车检查与调试内容	
振动筛的运转情况	

 任务评价

按照表 1-1-9 评价学生工作任务完成情况。

表 1-1-9　振动筛的调试及一般故障排除评价表

班级：　　　　　　姓名：　　　　　　学号：　　　　　　成绩：

试题名称				振动筛的调试及一般故障排除	考核时间：35 min		
序号	考核内容	考核要点	配分	评分标准	扣分	得分	备注
1	准备工作	穿戴工作服	5	未穿工作服，未戴手套，扣 3 分			
		放置振动筛		未检查振动筛稳定性，扣 1 分			
				未检查电源，扣 1 分			
2	操作前提	阅读使用手册	15	口述振动筛的工作原理，不正确扣 5 分			
				提问 2 个操作要点，回答错 1 点扣 5 分			
3	操作过程	静态检查与调试	30	未检查支撑装置，扣 3 分			
				未检查筛体，扣 3 分			
				未排除筛体内异物，扣 3 分			
				未按要求调节好筛体行程，扣 5 分			
				未按要求调节好振动角，扣 5 分			
				未检查筛网，扣 2 分			
				未发现筛网破损，扣 5 分			
				未查看系统漏油情况，扣 2 分			
				未查看振动电机情况，扣 2 分			
		空载运行检查与调试	20	未点动开机，空载运行 5～10 min，扣 5 分			
				空载运行时，未仔细观察运行情况，扣 5 分			
				空载运行时，未仔细听噪声，扣 5 分			
				停机后，未旋紧驱动机构所有螺栓，扣 5 分			
		加料试车检查与调试	15	未加料试车，扣 2 分			
				未检查物料分布情况，扣 3 分			
				未发现故障，扣 5 分			
				未正确排除故障，扣 5 分			
4	操作结果	振动筛能正常工作	10	振动筛不能正常工作，扣 10 分			

试题名称			振动筛调试和一般故障排除	考核时间：35 min		
序号	考核内容	考核要点	配分	评分标准	扣分	得分	备注
5	使用工具	熟练规范使用仪器设备	5	仪器设备使用不规范、不熟练，扣2分			
		仪器设备使用维护		设备未归位，台面未清理，扣3分			
6	安全及其他	按国家法规或企业规定	—	违规停止操作			
		规定时间内完成操作	—	超时立即停止操作			
合计			100				

否定项说明：违章操作□；发生事故□

巩 固 练 习

一、填空题

1. 调试振动筛筛体倾角时，将移动底盘调至水平，将_____调整到合适角度，一般在 0°～17°范围内。

2. 调试振动筛振幅时，可以通过调整振动电动机轴两端的_____来实现。

3. 振动筛筛选物料时，筛下物混有正常粮油，其主要原因可能是_____，或者细筛网规格选择不合适，筛孔过大。

二、单选题

1. 调试振动筛筛体倾角时，将移动底盘调至水平，将（　　）调整到合适角度，一般在 0°～17°范围。

    A. 筛网　　　　　　B. 电动机台座　　　C. 筛箱　　　　　　D. 减震弹簧

2. 振动筛振动方向角调试范围为 0°～45°，粮仓清理物料一般调整至（　　）。需要改变振动方向角时，只需将转向盘 4 个固定螺栓松开，转动振动电机转向盘即可。注意筛体两侧角度要一致。

    A. 20°　　　　　　B. 27°　　　　　　C. 37°　　　　　　D. 40°

3. 振动筛筛选物料不彻底，主要原因可能是（　　）、筛网堵塞。

    A. 筛网规格选择不合适　　　　　　B. 筛筒角度不合理

    C. 物料流量过大　　　　　　　　　D. 以上都可能

三、多选题

1. 振动筛筛选物料不彻底，主要原因可能有（　　）。

    A. 筛网规格选择不合适　　　　　　B. 筛筒角度不合理

    C. 物料流量过大　　　　　　　　　D. 筛网堵塞

2. 振动筛筛选物料时，筛下物混有正常粮油，可能的原因有(　　　)。

　　A. 细筛网破损　　　　　　　　B. 物料流量过大

　　C. 筛孔过大　　　　　　　　　D. 细筛网规格选择不合适

四、判断题

1. 需要调试振幅时，可以通过调试振动电机轴两端的偏心重块来实现。两偏心块重合度越大，得到的振幅就越小，反之，则越大。　　　　　　　　　　　(　　)

2. 风选除尘风机有异响或清理效果差，主要原因可能是风机进入异物，使叶轮变形受损。应及时拆检清理，恢复叶轮至正常状态。　　　　　　　　　　　(　　)

任务五　正压式空气呼吸器充气和保养

情景描述

　　某粮食储备库库区 10 号仓房曾进行过磷化铝熏蒸杀虫工作，工作人员佩戴正压式空气呼吸器入仓施药，以及检查仓房磷化氢气体含量，正压式空气呼吸器使用结束之后，气瓶压力降低为 10 MPa。请正确使用空气压缩机对正压式空气呼吸器气瓶进行充气。

学习目标

➢ **知识目标**

(1)掌握空气压缩机的构造，理解其工作原理。

(2)掌握正压式空气呼吸器气瓶充气前的准备工作。

(3)掌握空气压缩机的保养和日常维护方法。

➢ **能力目标**

(1)能对正压式空气呼吸器气瓶进行充气。

(2)能对空气压缩机进行保养和日常维护。

➢ **素养目标**

(1)培养学生"以人为本"的安全观，树立安全生产的观念。

(2)自觉履行责任，严守操作规程，爱护设施设备，确保安全。

任务资讯

知识点一　空气压缩机

　　空气压缩机是为气瓶充气的设备，也称为充气泵。为气瓶充气的空气压缩机可分为固定式压缩机和移动式压缩机。其中，移动式体积小、移动方便，是目前粮库普遍使用的一种空气压缩机。

空气压缩机一般由电动机、气缸、冷却器、油水分离器、空气过滤器、充气管道及阀门和底座等组成，如图 1-1-2 所示。

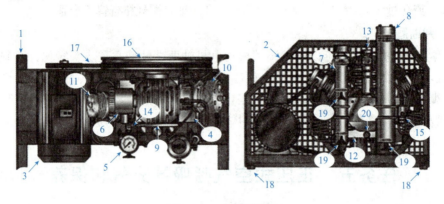

图 1-1-2　空气压缩机

1—框架；2—防护外罩；3—驱动马达；4—压缩机；5—压力表；6—进气过滤器；7—水凝结器；
8—活性炭分子筛过滤器；9——级气缸；10—二级气缸；11—三级气缸；12—机组；13—注油口；
14—安全阀；15—压力维持阀；16—风扇；17—皮带；18—防振脚；19—排污阀；20—放油口塞子

知识点二　正压式空气呼吸器气瓶充气前的准备工作

气瓶充气应在清洁、干燥、通风良好的环境中进行，以确保充入气瓶的气体符合呼吸空气的要求。

首次充气前，须检查空气压缩机安全阀是否可靠。检查方法是关闭充气阀，启动压缩机，当压力表的压力超过额定工作压力时，安全阀将自动泄放压力，以保证安全。

充气前，应对压缩机的过滤材料和油位进行检查。

有些压缩机配有设定启动和停机压力的控制器，可按照产品说明书进行操作。

视频：空气
压缩机的结构
与工作原理

知识点三　空气压缩机的保养和日常维护

1. 保养

(1)空气压缩机长时间不使用时，应将器芯从过滤器中取出。

(2)打开所有排污阀和充瓶阀，运转压缩机；关闭压缩机，拆下进气过滤器，将少量润滑油从进气过滤器口注入机组，运转压缩机；关闭压缩机，装上进气过滤器。

(3)切断电源，将压缩机保存在干净、干燥的环境中。

2. 日常维护

为了保证机组良好工作状态，应经常清洁机组(勿使用腐蚀性液体擦拭机组)。

《空气压缩机油》
(GB/T 12691—
2021)

任务演练

正压式空气呼吸器气瓶的充气

工作任务

请根据本任务"情景描述"中的要求，正确使用空气压缩机对正压式空气呼吸器气瓶进行充气。

任务实施

一、任务分析

正压式空气呼吸器充气和保养需要明确以下问题。

(1)空气压缩机的结构与工作原理。

(2)正压式空气呼吸器气瓶充气前的准备工作。

(3)空气压缩机的保养和日常维护方法。

视频：使用空气压缩机给气瓶充气

二、器材准备

正压式空气呼吸器、空气压缩机、扳手、零件清洗液、润滑油、安全帽和工作手套等。

三、操作步骤

(1)连接空气压缩机电源。

(2)使充气阀和泄压阀保持关闭状态。

(3)打开冷凝水排放阀，减小设备启动阻力。

(4)点动启动设备电源(启动后立即关闭)，检查电动机运转方向是否正确。

(5)缓慢打开充气阀，排空压缩机内的空气。

(6)关闭充气阀，连接气瓶。

(7)启动压缩机，待压力上升后依次打开充气阀和气瓶阀，开始充气。

(8)在充气过程中，应间隔一段时间(一般 10～15 min)排放一次冷凝水。

(9)当压力表压力达到额定压力 30 MPa 时，依次关闭压缩机电源、气瓶阀和充气阀。

(10)打开泄压阀，然后拆卸气瓶。

(11)打开充气阀和排水阀，释放压缩机内的所有压力。

四、注意事项

(1)不同型号的空气压缩机的操作程序可能有差异，请参阅具体的设备使用说明书。

(2)充气时，不得离开现场，随时观察空气压缩机和气瓶压力变化，防止意外发生。

(3)充气结束后，管路内存在压力，应先泄压再拆卸气瓶。

报告填写

填写正压式空气呼吸器气瓶充气记录表，见表 1-1-10。

表 1-1-10　正压式空气呼吸器气瓶充气记录表

充气时间：	充气人员：
安全防护工具准备情况	
正压式空气呼吸器气瓶的检查	
空气压缩机的检查与保养维护内容	
正压式空气呼吸器气瓶压力	

 任务评价

按照表 1-1-11 评价学生工作任务完成情况。

表 1-1-11　正压式空气呼吸器气瓶充气评价表

班级：　　　　　姓名：　　　　　学号：　　　　　成绩：

试题名称				正压式空气呼吸器气瓶充气	考核时间：25 min		
序号	考核内容	考核要点	配分	评分标准	扣分	得分	备注
1	准备工作	安全防护	6	未戴安全帽，未穿工作服，扣3分			
		工具准备		检查相关工具，错误扣3分，不全面，扣2分			
2	操作前提	空气压缩机检查	20	未在清洁、干燥、通风良好的环境中进行充气，扣5分			
				未检查空气压缩机安全阀是否可靠，扣5分			
				未检查压缩机的过滤材料，扣5分			
				未检查空气压缩机的油位，扣5分			
3	操作过程	空气压缩机充气操作规范	55	未连接空气压缩机电源，扣5分			
				未将充气阀和泄压阀保持关闭状态，扣10分			
				未打开冷凝水排放阀，扣5分			
				未点动启动设备电源，扣5分			
				未检查电机运转方向，扣5分			
				未缓慢打开充气阀，排空压缩机内的空气，扣5分			
				未正确连接气瓶，扣10分			
				充气过程中，未间隔一段时间排放一次冷凝水，扣10分			
4	操作结果	充气正常	15	当压力表压力达到额定压力30 MPa时，未关闭电源，扣5分			
				未打开泄压阀后拆卸气瓶，扣5分			
				未打开充气阀和排水阀释放压缩机内压力，扣5分			
5	使用工具	熟练规范使用仪器设备	4	仪器设备使用不规范、不熟练，扣2分			
		工具使用维护		操作结束后，工具未归位，扣2分			

续表

试题名称			正压式空气呼吸器气瓶充气		考核时间：25 min		
序号	考核内容	考核要点	配分	评分标准	扣分	得分	备注
6	安全及其他	按国家法规或 企业规定	—	违规停止操作		—	
		在规定时间内 完成操作		超时停止操作		—	
合计			100	总得分			
否定项说明：未停机就排除故障□；损坏设备工具□；违规操作□；发生事故□							

巩固练习

一、填空题

1. 空气压缩机一般由_____、气缸、冷却器、油水分离器、空气过滤器、充气管道及阀门和底座等组成。

2. 空气压缩机首次充气前，须检查空气压缩机_____是否可靠。其方法是关闭充气阀，启动压缩机，当压力表的压力超过额定工作压力时，安全阀将自动泄放压力，以保证安全。

3. 空气压缩机保养时，应打开所有_____和充瓶阀，运转压缩机。关闭压缩机，拆下进气过滤器，将少量润滑油从进气过滤器口注入机组，运转压缩机；关闭压缩机，装上进气过滤器。

二、单选题

1. 空气压缩机首次充气前，须检查空气压缩机(　　)是否可靠。其方法是关闭充气阀，启动压缩机，当压力表的压力超过额定工作压力时，安全阀将自动泄放压力，以保证安全。

　　A. 安全阀　　　　　B. 冷却器　　　　　C. 空气过滤器　　　D. 充气管道

2. 空气压缩机长时间不使用时，应将(　　)从过滤器中取出。

　　A. 安全阀　　　　　B. 器芯　　　　　　C. 冷却器　　　　　D. 过滤材料

3. 空气压缩机保养时，应打开所有(　　)和充瓶阀，运转压缩机。关闭压缩机，拆下进气过滤器，将少量润滑油从进气过滤器口注入机组，运转压缩机；关闭压缩机，装上进气过滤器。

　　A. 排污阀　　　　　B. 安全阀　　　　　C. 冷却阀　　　　　D. 器芯

三、多选题

1. 空气压缩机一般由(　　)空气过滤器、充气管道及阀门和底座等组成。

　　A. 油水分离器　　B. 冷却器　　　　　C. 气缸　　　　　　D. 电动机

2. 空气压缩机充气前，应对压缩机的(　　)进行检查。

　　A. 油水分离器　　B. 冷却器　　　　　C. 过滤材料　　　　D. 油位

3. 空气压缩机保养时，应打开所有（　　），运转压缩机。关闭压缩机，拆下进气过滤器，将少量润滑油从进气过滤器口注入机组，运转压缩机；关闭压缩机，装上进气过滤器。

A. 排污阀　　　　B. 安全阀　　　　C. 冷却阀　　　　D. 充瓶阀

四、判断题

1. 空气压缩机是为气瓶充气的设备，也称为充气泵。其中，固定式充气泵体积小、移动方便，是目前粮库普遍使用的一种空气压缩机。（　　）

2. 空气压缩机充气前，应对压缩机的过滤材料和油位进行检查。（　　）

3. 空气压缩机长时间不使用时，应将器芯从过滤器中取出。（　　）

【视野窗】

粮食安全是"国之大者"

粮食安全是"国之大者"。悠悠万事，吃饭为大。民以食为天。经过艰苦努力，我国以占世界9%的耕地、6%的淡水资源，养育了世界近1/5的人口，从当年4亿人吃不饱到今天14亿多人吃得好，有力回答了"谁来养活中国"的问题。这一成绩来之不易，要继续巩固拓展。在粮食安全这个问题上不能有丝毫麻痹大意，不能认为进入工业化，吃饭问题就可有可无，也不要指望依靠国际市场来解决。要未雨绸缪，始终绷紧粮食安全这根弦，始终坚持以我为主、立足国内、确保产能、适度进口、科技支撑。实施乡村振兴战略，必须把确保重要农产品特别是粮食供给作为首要任务，把提高农业综合生产能力放在更加突出的位置，把"藏粮于地、藏粮于技"真正落实到位。

——2022年3月6日，习近平总书记在看望参加全国政协十三届五次会议的农业界、社会福利和社会保障界委员并参加联组会时的重要讲话

2023年，我国粮食总产量达13 908.2亿斤，比2022年增长1.3%；粮食收购量保持在4亿吨以上；全国标准仓房完好仓容达到7亿吨；预计全年粮食企业实现工业总产值4.3万亿元，同比增长7%；农户储粮损失率降至2.9%，国有粮库储粮周期内综合损害率被控制在1%以内。

这些数据显示，2023年我国粮食生产、流通、储备能力进一步增强，节粮减损取得明显成效，粮食安全根基进一步夯实，为经济回升向好和高质量发展提供了有力支撑。

粮食仓储管理规范化、精细化、绿色化、智能化水平不断提升，仓储条件总体上保持世界较先进水平，为确保粮食储存安全提供有力支撑。

国家粮食和物资储备局负责人表示，我国不断完善管粮管储制度机制，粮食安全考核目标导向和结果导向更加鲜明。粮食安全保障法发布，《粮食流通行政执法办法》《粮食质量安全监管办法》先后实施，为粮食安全提供法治保障。

当前，我国粮食安全仍面临挑战。全球粮食供需相对宽松，谷物库存消费比处于较高水平，但影响全球粮食安全的因素仍然存在，国际粮食价格存在大幅波动风险。我国粮食连年丰收，粮食保供基础扎实，但持续稳产增产难度增大，粮食供求中长期呈紧平衡态势，生产向主产区集中，大范围、长距离、快速调运供应的压力增大。

党中央高度重视粮食工作，以粮食安全保障法为统领、以《粮食流通管理条例》等为支

撑、以地方性法规和规章规范性文件为基础的粮食安全保障制度体系基本形成，为国家粮食安全提供了坚实的法治保障。

国家粮食和物资储备局负责人表示，要全面准确把握形势，坚定信心决心，不断开创粮食和物资储备工作新局面。2024年要坚持高质量发展和高水平安全良性互动，着力稳市场、强储备、严监管、添动能、保安全、聚合力，推动粮食和物资储备工作上质量、上水平、上台阶，加快构建更高层次、更高质量、更有效率、更可持续的国家粮食安全保障体系，牢牢守住国家粮食安全底线，持续增强国家储备实力，不断提高应对各种极端情况的能力，为经济社会高质量发展提供有力支撑。

——节选自《经济日报》(2024年1月19日6版)

《粮食流通管理条例》

《中华人民共和国粮食安全保障法》

项目二　准备围护结构

学习导入

在粮油出入库准备过程中，在做好干粉灭火器、带式输送机、滚筒筛、振动筛、正压式空气呼吸器等仪器设备的准备工作后，还要准备围护结构，进行空仓杀虫、检查房式仓和筒仓的安全性能、检查和维护仓房防潮层及隔热层，使储粮围护结构处于良好的状态中，为后续入仓和粮情检查、粮情控制与处理奠定坚实的基础。

项目导学

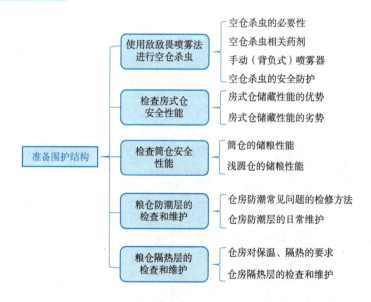

任务一　使用敌敌畏喷雾法进行空仓杀虫

情景描述

2023年×月×日，江苏省连云港市某粮食储备库保管员许某接到仓储科的工作通知单：粮库计划于×月×日开始，收储一批 5 000 t 小麦，在×月×日之前对 125 号、126 号高大平房仓进行空仓杀虫作业，并将处理结果上报。经检查，125 号、126 号高大平房仓的长、宽、高（檐口高）分别为 30 m、20 m、8 m，吊顶，仓顶高度为 11 m。请根据仓房基本情况确定使用敌敌畏药剂的用量，对即将进粮的仓房使用喷雾法实施空仓杀虫。

学习目标

➢ 知识目标

(1) 熟悉空仓杀虫剂的类型和使用特点。

(2) 掌握手动（背负式）喷雾器特点。

(3) 掌握空仓杀虫操作过程中的安全防护。

➢ 能力目标

(1) 能计算空仓杀虫剂的用药量。

(2) 能使用敌敌畏喷雾法进行空仓杀虫，做好隔离工作。

➢ 素养目标

(1) 强化学生防虫、杀虫和安全规范操作的意识。

(2) 培养学生精打细算、吃苦耐劳及团结协作的精神。

任务资讯

知识点一　空仓杀虫的必要性

空仓杀虫是粮油仓储管理工作的一个重要环节，在我国国家粮库中已经成了一种制度。空仓杀虫是利用空仓杀虫剂等化学药剂，在仓库清扫干净后杀灭残存和隐蔽的害虫，消除储粮害虫感染的基础性害虫防治措施。

仓房中残存的害虫是感染入库粮油的虫源，残存的粮油又为这些害虫提供了食源。害虫喜欢在洞孔、缝隙、旮旯及阴暗处栖息，当新粮入仓后，这些隐蔽的害虫就会再次感染粮油。长期的实践经验证明，在粮油入仓前进行空仓杀虫，可使害虫感染率明显降低。

知识点二　空仓杀虫相关药剂

1. 空仓杀虫剂

可以使用粉剂、油-水乳浊液或水分散喷雾剂、气雾剂或烟剂等作为空仓杀虫剂，处理空仓、运输工具（车、船等）、装具（麻袋等）和输送装置，并保持一定的有效残留，保证昆虫和螨类在通过这些物体表面进入粮油产品前被有效杀死。储粮害虫可用性质介于空仓杀虫剂和熏蒸剂之间的易挥发的杀虫剂来防治，飞行的储粮害虫可以用气雾剂或烟剂在它们飞行时或停在处理过的表面时将它们杀死。杀虫剂的残效期取决于上述物体表面的自然属性、温度、空气相对湿度和对光的暴露程度。

敌敌畏等具有触杀作用的杀虫剂及 50% 的农用马拉硫磷、50% 的辛硫磷乳油和 50% 的杀螟硫磷乳油、90% 的敌百虫乳油、敌百虫烟剂等，仅限于空仓或器材杀虫，不能作为防护剂使用，不能与粮油直接接触。

2. 磷化铝粉剂(或片剂、丸剂)

磷化铝粉剂(或片剂、丸剂)可作为空仓与器材杀虫剂使用。

3. 储粮防护剂

储粮防护剂可作为空仓与器材杀虫剂使用。

常用空仓杀虫药剂的用药剂量和密闭时间见表 1-2-1。

表 1-2-1　常用空仓杀虫药剂的用药剂量和密闭时间

药剂名称	有效成分含量/%	用药剂量/(g·m⁻³)	至少密闭时间/天	最少散气时间/天
磷化铝(片、丸剂)	56	3～6	≥14	1～10
磷化铝(粉剂)	85～90	3～5	≥14	1～10
敌敌畏(乳油)	80	0.2～0.3	2～5	
敌百虫(原油)	90	30(0.5%～1%)	1～3	
敌百虫烟剂	20	0.3～0.6	3	
辛硫磷(乳油)	50	3(0.1%)	1～3	
杀螟硫磷(乳油)	50	30(0.1%)	1～3	
马拉硫磷(乳油)	50	30(0.1%)	1～3	
注：器材杀虫参照使用				

知识点三　手动(背负式)喷雾器

常用的喷雾器有手动(背负式)喷雾器和机动喷雾器两类。其中，手动(背负式)喷雾器由贮液桶、滤网、连接头、抽吸器(小型电动泵)、连接管、喷管和喷头等依次连通构成。

手动(背负式)喷雾器由于结构简单、轻便灵活、物美价廉而被广泛使用，但手动(背负式)喷雾器会有压力不足、雾化不良、连接部位漏水及开关漏水或拧不动等问题。在使用过程中要注意进行必要的检修维护，防止造成"跑冒滴漏"现象和中毒事件的发生。

视频：手动(背负式)喷雾器的结构和原理

知识点四　空仓杀虫的安全防护

(1)应检查施药器械有无漏水、喷嘴是否通畅、连接是否牢固，避免"跑冒滴漏"的现象和中毒事件的发生。

(2)配制和施药时，应佩戴防护用品，防止粘上或吸入药液造成中毒。若不慎粘上药液，应迅速用肥皂水清洗干净；若不慎溅入眼中，应立即用淡盐水清洗干净。

(3)每次每人施药操作不要超过 2 h，操作完毕后，要更换衣服，用肥皂水洗手洗脸，并注意休息。

(4)出现乏力、头昏、恶心、呕吐、皮肤红肿等中毒现象时，应立即离开现场，脱去被污染衣物，用肥皂清洁身体，并适当休息；中毒症状较严重者，应及时送医院治疗。

(5)施药时，应逆风退行，不要在高温、大风、下雨等条件下施药。

视频：机动喷雾器的结构和原理

(6)配制和施药应该是青壮年，未成年人、老弱病残和处于经期、怀孕期、哺乳期的妇女不得施药。

 任务演练

使用敌敌畏喷雾法进行空仓杀虫

 工作任务

请根据本任务"情景描述"中仓房的基本情况，确定使用敌敌畏药剂的用量，对即将进粮的两仓房使用敌敌畏喷雾法实施空仓杀虫。

 任务实施

一、任务分析

使用敌敌畏喷雾法进行空仓杀虫，需要明确以下问题。

(1)敌敌畏的药剂用量及密闭时间。

(2)空仓杀虫喷雾器的选取。

(3)使用敌敌畏喷雾法进行空仓杀虫的操作流程。

(4)使用敌敌畏喷雾法进行空仓杀虫的安全防护。

二、器材准备

空仓房、手动(背负式)喷雾器、敌敌畏、卷尺、塑料桶、防毒面具(防毒口罩)、肥皂、塑料盆、乳胶手套、安全帽和清扫工具等。

三、操作步骤

(1)对仓房、设备、器材等进行全面、彻底的清理。

(2)对各种孔洞缝隙进行嵌补与糊封。

(3)测定仓房喷雾操作面积(或空间体积)。

(4)确定使用药剂种类、浓度，计算药剂用量。

(5)按照审批手续领用杀虫药剂。

(6)检查喷雾器的完好性，各连接部位是否牢固，有无松动现象。

(7)装清水试喷，检查是否漏水、漏气，并按照要求调节好喷雾状态。

(8)穿戴工作服、戴口罩进行安全防护。

(9)量取一定量的敌敌畏原液，按配比进行稀释(一般加水10～20倍稀释)，加入不超过安全水位线的清水。

(10)手动(或电动)增加喷雾器罐内压力，达到良好的喷雾效果后，按照由内向外的顺序均匀地实施喷雾操作；喷雾结束后，迅速密闭仓房。

(11)喷雾操作后，及时处理罐内残液；清洗喷雾器后，将其放置到干燥、安全的地方保管。

(12)达到杀虫效果后，按规定时间散气。

(13)认真打扫仓房，处理好虫尸、残渣。

视频：使用手动(背负式)喷雾器进行空仓杀虫

视频：使用机动喷雾器进行空仓杀虫

(14)消杀后的仓房采取隔离措施，以防止再次感染。

四、注意事项

(1)严禁将空仓杀虫剂用于实仓杀虫(包括粮面上的空间)。

(2)药剂稀释后不应超过总装容量的 2/3。

(3)给喷雾罐增压时，不得过大增压，防止罐体爆炸。

(4)敌敌畏等有机磷药剂一般对金属有腐蚀作用，要防止与铁、铜等金属接触，施药使用的金属器械使用后应及时用清水冲洗干净。

(5)不得在鱼塘中刷洗敌敌畏等施药器具和喷雾器。

(6)药液使用完后，残留药瓶应统一进行安全处理，不得随意乱扔。

(7)敌敌畏等有机磷药剂易水解，应随用随配，一次用完。在碱性介质中更易分解，故不能与碱性物质混用，也不能施用在新刷未干的石灰墙壁上。

 报告填写

填写敌敌畏喷雾法空仓杀虫表，见表 1-2-2。

表 1-2-2　敌敌畏喷雾法空仓杀虫表

省(区、市)：　　　　　县(市)：　　　　　库(站)：　　　　　仓(货位)号：

项目	数据及计算结果		
仓型仓号		操作人	
空仓房情况	仓房长宽高/m		
	仓房体积/m³		
药剂使用情况	药剂名称	有效成分含量/%	
	单位剂量/(g·m⁻³)	总用药量/g	
	加水总量/kg		
	(总用药量、加水总量计算)		
计算过程			

 任务评价

按照表 1-2-3 评价学生工作任务完成情况。

表 1-2-3　使用敌敌畏喷雾法进行空仓杀虫评价表

班级：　　　　　姓名：　　　　　学号：　　　　　成绩：

试题名称				使用敌敌畏喷雾法空仓杀虫	考核时间：20 min		
序号	考核内容	考核要点	配分	评分标准	扣分	得分	备注
1	准备工作	安全防护	5	未戴安全帽，未穿工作服，扣 3 分			
				选用防毒面具(防毒口罩)，错误扣 2 分			

续表

试题名称			使用敌敌畏喷雾法空仓杀虫		考核时间：20 min		
序号	考核内容	考核要点	配分	评分标准	扣分	得分	备注
2	操作前提	仓房准备	5	口述施药前仓房准备工作，错误扣5分，不全面扣3分			
		用具检查	10	检查喷雾器性能方法错误扣5分，不全面、不规范扣3分			
				检查防毒面具（防毒口罩）有效性能，错误5分，不全面、不规范扣3分			
3	操作过程	空仓杀虫施药操作步骤规范	60	确定敌敌畏单位剂量，错误扣5分			
				计算用药总量，错误扣10分			
				药剂稀释操作，错误扣5分			
				佩戴防毒面具（防毒口罩），错误扣5分			
				未佩戴乳胶手套，扣5分			
				施药方法错误扣10分，不规范扣5分			
				施药后残液处理错误，扣5分			
				施药后仓门密封错误扣5分，不规范扣3分			
				提问空仓杀虫施药后密闭时间和相关处理要求，回答错误扣10分，不全面、不规范扣5分			
4	操作结果	杀虫效果检查	8	口述检查杀虫效果要求，错误扣5分，不全面、不规范扣3分			
				口述检查杀虫效果方法，错误扣3分，不全面、不规范扣2分			
5	使用工具	熟练规范使用仪器设备	12	仪器设备使用不规范、不熟练，扣2分			
		工具使用维护		施药后喷雾器清理，错误扣4分，不规范扣2分			
				施药后防毒面具（防毒口罩）处理方法错误扣3分，不规范扣2分			
				操作结束后工具未归位，扣3分			
6	安全及其他	按国家法规或企业规定	—	违规停止操作	—		
		在规定时间内完成操作		超时停止操作	—		
合计			100	总得分			
否定项说明：严重药剂抛洒□；未佩戴防毒面具或防毒口罩□；违规操作□；发生事故□							

巩固练习

一、填空题

1. 空仓杀虫是利用_____等化学药剂，在仓库清扫干净后杀灭残存和隐蔽害虫，消除储粮害虫感染的基础性害虫防治措施。

2. 80％的敌敌畏乳油等空仓杀虫剂，仅限于空仓或器材杀虫，不能作防护剂使用，不能与粮油_____。

3. 配制和施药时，应佩戴防护用品，防止粘上或吸入药液造成中毒。若不慎粘上药液，应迅速用肥皂水清洗干净；若不慎溅入眼中，应立即用_____清洗干净。

4. 每次每人施药操作不要超过_____h，操作完毕后，要更换衣服，用肥皂水洗手洗脸，并注意休息。

二、单选题

1. 80％的敌敌畏乳油、50％的农用马拉硫磷、50％的辛硫磷乳油和50％的杀螟硫磷乳油、90％的敌百虫乳油，以及敌百虫烟剂等空仓杀虫剂，可以（　　）。
   A. 作空仓或器材杀虫使用　　　　　　B. 作防护剂使用
   C. 与原粮油直接接触　　　　　　　　D. 与成品粮油直接接触

2. 手动喷雾器在使用过程中要注意进行必要的检修维护，防止造成（　　）现象和中毒事件的发生。
   A. 跑冒滴漏　　　B. 受热变形　　　C. 机械损伤　　　D. 喷洒不均

3. 施药时，应（　　），不要在高温、大风、下雨等条件下施药。
   A. 逆风前进　　　B. 顺风前进　　　C. 逆风退行　　　D. 顺风退行

三、多选题

1. 仓房中残存的害虫是感染入库粮油的虫源，残存的粮油又为这些害虫提供了食源。害虫喜欢在（　　）处栖息，当新粮入仓后，这些隐蔽的害虫就会再次感染粮油。
   A. 洞孔　　　　B. 缝隙　　　　C. 旮旯　　　　D. 阴暗

2. 手动（背负式）喷雾器具有（　　）等优点而被广泛使用。
   A. 结构简单　　B. 轻便灵活　　C. 物美价廉　　D. 不费劳力

3. 手动（背负式）喷雾器会有（　　）等问题。
   A. 压力不足　　B. 雾化不良　　C. 连接部位漏水　D. 开关漏水或拧不动

4. 施药时，应逆风退行，不要在（　　）等条件下施药。
   A. 高温　　　　B. 低温　　　　C. 下雨　　　　D. 大风

四、判断题

1. 不可以使用储粮防护剂或熏蒸剂进行空仓杀虫。（　　）

2. 空仓杀虫剂可以处理空仓、实仓、运输工具（车船等）、装具（麻袋等）和输送装置，并保持一定的有效残留，保证昆虫和螨类在通过这些物体表面进入粮油产品前被有效杀死。（　　）

3. 空仓杀虫剂不仅可用于空仓或器材杀虫，还可作为防护剂使用，但是不能与成品粮油直接接触。（　　）

五、计算题

设有一栋高大平房仓的廒间，其跨度为 21 m，长度为 21 m，堆粮线为 6 m，檐口高为 9 m，屋顶高为 14 m。现拟用 80% 的敌敌畏乳油（用药剂量为 0.2～0.3 g/m³）对该空仓进行杀虫，试计算用药量和配水量（要保留主要的计算过程）。

任务二　检查房式仓安全性能

情景描述

2023 年×月×日，江苏省连云港市某粮食储备库保管员许某接到仓储科的工作通知单：粮库计划于×月×日开始，收储一批 5 000 t 小麦，在×月×日之前对 125 号、126 号高大平房仓进行储粮安全性能进行检查，并将处理结果上报。请设计房式仓储粮性能检查的内容、顺序和方法。

学习目标

➤ **知识目标**

掌握房式仓储藏性能的优势和劣势。

➤ **能力目标**

能够对房式仓的安全性能进行常规检查。

➤ **素养目标**

(1)培养学生善于观察、统筹规划的职业素养。

(2)培养学生吃苦耐劳的职业精神，以及对安全储粮、科技兴储的理解和认识。

任务资讯

知识点一　房式仓储藏性能的优势

(1)仓房容量大。跨度在 21 m 以上的大型平房仓，堆粮线在 6 m 以上，有较大的有效面积和负载仓容，可散装或包装，便于清扫、翻倒粮堆。

(2)仓房的隔热性能、防潮性能有所提高。与老仓相比，新仓在屋面上设置了隔热层和防水层，对仓房内墙和地坪都采用高聚物改性沥青（北方 SBS、南方 APP）等防水卷材处理，或屋面采用硬质聚氨酯防水保温材料处理，仓房内墙粉刷聚合物砂浆进行防潮处理，提高了整体仓房防潮、抗渗的效果。

(3)新建仓的仓储设施配套齐全。为了确保粮油储藏安全，在高大平房仓内配备了粮情测控、通风降温、环流熏蒸、谷物冷却等配套设备，粮库具有较强的应变能力，仓储管理员可以及时发现储粮问题，采取措施，确保储粮安全。

(4)多数房式仓可实现低温储粮。我国多数粮库按照低温储粮的管理模式,利用平房仓大粮堆保温性好的特点,在干燥、寒冷的季节里通过通风方式降低粮温。在气温回升之前,做好仓房及粮堆的密闭控温工作,减小夏季仓外高温对储粮的影响。

知识点二　房式仓储藏性能的劣势

(1)房式仓隔热性能差。尽管平房仓屋面增设了隔热层,但它是向平面发展,而不是向空间发展的仓型,其仓顶和侧墙的受热面积较浅圆仓、筒仓大,尤其房式仓的屋面透入的热量较多,占仓房总透入热量的2/3以上。这在高温季节特别容易引起仓内温度过高的现象,尤其是南方地区的大型房式仓,夏季仓内屋面下的温度要比仓外高2～4 ℃,最大可高6 ℃,突出的高温在仓房屋脊下三角形部位,热量积聚可使夏季仓温达到45 ℃,粮堆上方1 m处的仓温可达40～41 ℃。在储存粮油时必须予以足够重视,特别是稻谷储存时,对粮堆实施压盖措施,有助于保持粮油品质和延缓陈化。

(2)房式仓密闭性能差。平房仓门大、窗多、孔洞难密封,拱板仓的下弦板缝易漏气。这样,储粮既容易受仓外不利环境条件的影响,又会使熏蒸毒气泄漏,降低杀虫效果。因此,在进行低温储粮、熏蒸杀虫时,必须对平房仓进行气密改造,或结合粮面隔热压盖,对粮堆进行"一面封",以改善仓房的隔热、密闭性能。

(3)房式仓进出仓作业效率较低、劳动强度高。平房仓属于平底仓,虽适合机械在仓内移动,但储粮数量多,粮油不能自流出仓,只能使用移动式设备进出粮,并在进出仓过程中机械需前后不断移动,再加上仓内地坪上风道的影响,使进出粮操作比浅圆仓、筒仓复杂得多,且工作效率也低。因此,平房仓只能用作长期储备仓。

视频:典型房式仓
的内外结构

(4)房式仓的粮堆变大和采取机械入粮方式的变化,随之带来与传统仓房不同的储粮特性。大粮堆保温性好的特性既能维持粮堆内的低温状态,又能造成粮堆内的积热难散,引起粮油局部发热霉变,而且比小粮堆、薄粮层严重得多。粮质较差时的机械进粮或窗口补粮都会引起严重的自动分级现象,埋下储粮的安全隐患。在大粮堆管理中,仓储管理员要高度重视,做好入仓粮质控制和通风、降温、散温等工作。

 任务演练

视频:房式仓检查
顺序及常见问题

检查房式仓安全性能

 工作任务

请根据本任务"情景描述"中的基本情况,设计房式仓储粮性能检查的内容、顺序和方法,并将处理结果上报。

 任务实施

一、任务分析

检查房式仓安全性能需要明确以下问题。

(1)房式仓储藏性能的优势。

（2）房式仓储藏性能的劣势。

二、器材准备

空仓、仓房基本资料、空仓检查工具、安全帽、工作服和工作手套等。

三、操作步骤

（1）检查屋面有无大面积起鼓、松动、变形、开裂和脱皮等。

（2）检查仓顶横梁、吊棚是否坚固牢靠，有无裂痕或松动。

（3）检查仓壁有无裂缝变形、有无面层脱落等情况。

（4）检查仓内电线或其他通信线有无老化、脱皮、龟裂和裸露等情况。

（5）检查仓房门窗的完好性，是否可正常关闭、开启，并起到密闭作用，门窗保温隔板是否完好，有无破损。

（6）检查仓房内地坪有无起鼓、不均匀沉降、爆灰、开裂或防水层外露等现象。

（7）检查仓房内空仓和器材杀虫的情况。

（8）检查磷化氢环流熏蒸系统、通风机及管道、测温电缆、照明设备等储粮设备外观是否完好，是否可正常运行。

（9）把检查结果记录下来，若条件允许，检查过程可留有影像资料。

四、注意事项

（1）安全性检查细致全面，出现异常时应立即分析原因，安排人员进行处理。

（2）修补作业应在满足仓房可安全使用的前提下开展，比较复杂的应报专业人员维修。

（3）如屋面出现小面积异常，在不影响整体使用效果的情况下，防水卷材屋面可利用沥青玛瑞脂结合改性沥青防水卷材简单处理，钢筋混凝土屋面可用环氧树脂处理，严防麻雀等做窝。

 报告填写

填写房式仓安全性能检查表，见表1-2-4。

表 1-2-4　房式仓安全性能检查表

检查单位			
仓号		检查日期	
原存品种		拟存品种方式	
检查记录			
仓房设施	地坪		仓门	
	墙体		挡粮门（板）	
	屋面		窗户	
	铺垫		出入粮口	
	机械通风口		安全绳挂钩	
	自然通风口		气密性检测口	
	地下通廊出粮口		气密性检测结果	
	查粮出入小门		电线电缆	

续表

检查记录					
防护措施	防水防潮措施		风机及管道		
	防虫措施		测温电缆		
	防鼠雀措施		照明设备		
空仓、器材杀虫	仓外环境		消毒药剂		
	器材设备消毒		消毒方式		
	空仓杀虫		空仓器材杀虫效果		
检查结论					
整改意见					
保管员		安全员		设备管理员	审核
注：如完好，则填写"完好""完成"；如有问题，则说明具体的部位、存在的问题					

任务评价

按照表 1-2-5 评价学生工作任务完成情况。

表 1-2-5　核查房式仓安全性能评价表

班级：　　　　　　姓名：　　　　　　　学号：　　　　　　　成绩：

试题名称		核查房式仓安全性能			考核时间：30 min		
序号	考核内容	考核要点	配分	评分标准	扣分	得分	备注
1	准备工作	安全防护	3	未戴安全帽，未穿工作服，扣 3 分			
2	操作前提	核对待检仓房基础信息	5	未检查相关工具用具，扣 2 分			
				未阅读资料就填卡，扣 3 分			
3	操作过程	仓房设施检查	30	检查屋面，错误扣 5 分			
				检查墙壁，错误扣 5 分			
				检查地坪，错误扣 5 分			
				检查门窗及挡粮板，错误扣 5 分			
				检查通风口等孔洞，错误扣 5 分			
				未核对仓房气密性，扣 5 分			
		防护措施检查	25	检查防潮防水措施，错误扣 5 分			
				检查防虫措施，错误扣 5 分			
				检查防鼠雀措施，错误扣 5 分			
				检查环流熏蒸系统，错误扣 5 分			
				检查温湿度检测仪器，错误扣 5 分			
		仓房内外清洁检查	15	未检查仓房是否消毒，扣 5 分			
				未检查空仓器材杀虫效果，扣 5 分			
				未检查仓外环境，扣 5 分			

续表

试题名称			核查房式仓安全性能			考核时间：30 min	
序号	考核内容	考核要点	配分	评分标准	扣分	得分	备注
4	操作结果	填写空仓检查表	18	未填写检查结论，扣5分			
				填写错误每1处扣2分，有涂改每1处扣1分，扣完为止			
				不合格之处未写整改意见，每1处扣3分，扣完为止			
5	使用工具	熟练规范使用仪器设备	4	工具使用不熟练、不规范，扣2分			
		工具使用维护		使用工具资料未维护，扣2分			
6	安全及其他	按国家法规或企业规定	—	违规停止操作	—		
		在规定时间内完成操作		超时停止操作			
合计			100	总得分			
否定项说明：违规操作□；发生事故□							

巩 固 练 习

一、填空题

1. 跨度在21 m以上的大型平房仓，堆粮线在6 m以上，有较大的有效面积和_____，可散装或包装，便于清扫、翻倒粮堆。

2. 为了确保粮油储藏安全，在新建高大平房仓内配备了_____、_____、环流熏蒸、谷物冷却等配套设备，粮库具有较强的应变能力，仓储管理员可以及时发现储粮问题，采取措施，确保储粮安全。

3. 平房仓属于平底仓，进出粮操作比浅圆仓、筒仓复杂得多，且工作效率也低。因此，平房仓只能用作_____仓。

二、单选题

1. 跨度在21 m以上的大型平房仓，堆粮线在6 m以上，有较大的有效面积和（   ），可散装或包装，便于清扫、翻倒粮堆。

    A. 回旋余地　　　B. 空间体积　　　C. 负载仓容　　　D. 实用面积

2. 我国多数粮库按照（   ）的管理模式，利用平房仓大粮堆保温性好的特点，在干燥、寒冷的季节里通过通风方式降低粮温；在气温回升之前，应做好仓房及粮堆的密闭控温工作，减小夏季仓外高温对储粮的影响。

    A. 低温储粮　　　B. 高温储粮　　　C. 常规储粮　　　D. 气调储粮

3. 在大粮堆管理中，仓储管理员要高度重视，做好入仓粮食的（   ）等工作。

    A. 害虫控制和通风降水   B. 粮质控制和通风降温散温

    C. 害虫控制   D. 防鼠防雀

三、多选题

1. 尽管平房仓屋面增设了隔热层，但它是向平面发展，而不是向空间发展的仓型，其（   ）的受热面积较浅圆仓、筒仓大，尤其房式仓的屋面透入的热量较多，占仓房总透入热量的 2/3 以上。

    A. 仓顶   B. 侧墙   C. 门窗   D. 地坪

2. 平房仓（   ），拱板仓的下弦板缝易漏气，这样，储粮既容易受仓外不利环境条件的影响，又会使熏蒸毒气泄漏，降低杀虫效果。

    A. 门大   B. 窗多   C. 孔洞难密封   D. 墙体漏气

四、判断题

1. 我国多数粮库按照低温储粮的管理模式，利用平房仓大粮堆保温性好的特点，在干燥、寒冷的季节里通过通风方式降低粮温；在气温回升之前，应做好仓房及粮堆的密闭控温工作，减小夏季仓外高温对储粮的影响。（   ）

2. 平房仓属于平底仓，进出粮操作比浅圆仓、筒仓简单得多，且工作效率也高。因此，平房仓可用作长期储备仓。（   ）

任务三　检查筒仓安全性能

情景描述

2023 年×月×日，江苏省连云港市某粮食储备库保管员许某接到仓储科的工作通知单：粮库计划于×月×日开始，调入一批 5 000 t 小麦在 1 号筒仓储存，在×月×日之前对 1 号筒仓的储粮安全性能进行检查，并将处理结果上报。请设计筒仓储粮性能检查的内容、顺序和方法。

学习目标

➤ **知识目标**

掌握筒仓和浅圆仓的储粮性能。

➤ **能力目标**

会检查筒仓的安全储粮性能。

➤ **素养目标**

(1)培养学生善于观察、统筹规划的职业素养。

(2)培养学生吃苦耐劳的职业精神，以及对安全储粮、科技兴储的理解和认识。

任务资讯

知识点一 筒仓的储粮性能

（1）筒仓的机械化程度高。筒仓顶部与底部均有输送设备，筒仓群的工作塔内设有提升、检斤、清理、除尘、控制等设备，筒仓的工艺流程使它能迅速完成粮油进出仓操作，有利于提高入库粮质，实现现代化管理。

视频：筒仓的
基本知识

（2）钢筋混凝土筒仓通常使用水泥等建筑材料，采用滑模施工方法。筒仓顶部有顶棚，筒仓锥斗与出粮口又高于地面。因此，这种筒仓具有良好的密闭性、防潮性，以及防虫、防鼠和防火等性能，有利于粮油安全储藏。

（3）现有筒仓储粮设施配套齐全。我国以前所建筒仓一般用于中转仓，缺乏必备的储粮设施。一旦粮油出现问题，只能采用应急措施倒仓解决，这样做储粮既不安全，而且费用也较高。目前，所建筒仓大都安装了粮情测控系统和多功能通风熏蒸装置，后者集筒仓的通风降温、环流熏蒸、减缓分级和卸粮减载等功能于一体，较好地解决了筒仓通风降温散湿、深粮层熏蒸杀虫、减缓进出粮时分级和卸粮减载等问题，提高了粮油储藏稳定性，减少了筒仓的频繁倒仓次数，降低了储粮保管费用。多功能通风熏蒸装置是目前筒仓较为完善的储粮配套设置。若发现异常，粮情筒仓还可通过机械倒仓保持储粮安全。

（4）筒仓直径小、筒体高，入粮时会形成严重的自动分级现象——在筒壁处形成环状的轻型杂质区，在落粮点处形成柱状的重型杂质区，杂质严重分级给安全储粮带来隐患。因此，强调筒仓入粮质量和入粮环节的清理，对做好筒仓安全储粮工作非常重要。中心管进（出）粮可以有效地避免进出粮操作时的自动分级现象。

（5）钢板筒仓壁薄，导热性好，筒仓壁处粮油易受外温影响，筒仓内外温差易导致粮堆水分转移，在筒仓壁处或粮堆表层形成结露。因此，钢板筒仓一定要配置通风系统，改善筒仓的湿热环境。另外，钢板筒仓的仓壁与仓顶的结合处有缝隙，影响筒仓的气密性与熏蒸杀虫效果。钢板筒仓常用作中转仓或加工厂的原料仓，不用于长期储粮。

（6）筒仓基本上是一种密闭仓型，通风不良，应注意粉尘浓度高的场合，特别是在工作塔内，凡在粮油振动或有落差处尘源产生的地方，都要采取除尘措施，严防粉尘爆炸。所有电器均应采用防爆型的，凡有火星产生的维修工作都应在停机状态下进行。

（7）筒仓属于自流型仓型，若粮油出仓筒内发生结拱现象，则应停止出粮，采取措施破拱后，再继续出仓。可通过观察粮面上有无蜗旋现象产生来判别结拱现象是否发生。另外，在筒内粮油出仓时，严禁任何人员到流动的粮面上，以防发生危险。

（8）筒仓储粮管理应注意以下几点：在筒仓群储粮时，必须留一空仓用于紧急倒仓；筒仓储粮1年时，需打开出粮口少量出粮，松散筒仓内的粮油，防止粮油因结块而出不了仓；从筒仓下部进风通风时，应用筒仓下部室内的温度与粮温比较，一般情况下该温度远高于室外温度。

知识点二 浅圆仓的储粮性能

（1）浅圆仓储量大，占地面积适中，机械化程度、吨粮单位造价略高于平房仓，但远低于筒仓，且浅圆仓的直径越大，其造价越低。

(2)浅圆仓的粮堆比平房仓、筒仓的粮堆大，其保温性能(保冷性)与湿热扩散更加突出。在生产中，要利用其有利的一面，按照低温储粮模式管理好浅圆仓的储粮；同时，也要注意其不利的一面，防止粮油水分转移，引起发热霉变，造成损失。

(3)浅圆仓入粮时，粮油落差较大，现有的布料器质量尚不完善，自动分级现象比平房仓严重。因此，把好入仓粮油质量关，减少杂质，使水分值低于当地安全水分值的1％，对做好浅圆仓储粮工作非常重要。

(4)我国新建的浅圆仓配置了粮温检测、通风降温、环流熏蒸与谷物冷却系统。这些配套的储粮设施为浅圆仓安全储粮提供了可靠保证，也提高了粮库的应变能力。

(5)浅圆仓进出粮机械化水平比平房仓高，比筒仓低。出仓自流后残余的粮油可用清仓机械或吸粮机等设备完成。从提高粮油发放速度、降低粮油流通成本来讲，浅圆仓比平房仓更具有优越性。

(6)从生产应用效果来看，混凝土屋面结构浅圆仓的气密性、隔热性等都好于彩钢板屋面结构浅圆仓，因此，建议粮库建造混凝土屋面结构的浅圆仓。

(7)浅圆仓与筒仓一样，同属于自流型仓型，在粮油出仓时，严格禁止人员上到流动的粮面上去，以免发生危险。

(8)尽管浅圆仓在我国使用时间不是很长，但已显示出储粮的优越性。除华南地区外，各地对浅圆仓的性能，尤其是储粮稳定性较为认可。

检查筒仓安全性能

工作任务

请根据本任务"情景描述"中的基本情况，设计筒仓储粮性能检查的内容、顺序和方法，并将处理结果上报。

任务实施

一、任务分析

检查筒仓安全性能需要明确以下问题。

(1)筒仓的储粮性能。

(2)浅圆仓的储粮性能。

二、器材准备

空仓、仓房基本资料、空仓检查工具、安全帽、工作服和工作手套等。

三、操作步骤

(1)检查输粮流程，对轴承进行润滑保养，更换气动闸阀的老旧气管，清洁现场控制面板及传感器。

(2)检查流程皮带、气压阀等部件，调整皮带至张紧合适，气压阀导气管老化或损坏的应立即更换。

（3）检查仓顶通风口、进出粮口是否保持紧闭。如无法紧闭应润滑后尝试紧闭，如因变形等原因导致无法紧闭，则必须更换，并作相应记录。

（4）检查磷化氢环流熏蒸系统、通风机及管道、测温电缆、照明等设备外观是否完好，是否可正常运行。

（5）检查仓内电线或其他通信线有无老化、脱皮、龟裂、裸露等情况。如有异常，应更换新线或使用电工胶布进行防护维修。

（6）检查屋面有无大面积起鼓、松动、变形、开裂、脱皮等现象。如出现小面积异常，在不影响整体使用效果的情况下，防水卷材屋面可利用沥青玛琋脂结合改性沥青防水卷材简单处理，钢筋水泥屋面可用环氧树脂处理。

（7）检查仓壁有无裂缝变形、面层脱落等情况，若出现裂缝等，可将底层旧砂浆清理干净，涂抹水泥砂浆，防止裂缝扩大。

（8）检查仓房门窗是否完好，是否可正常关闭开启，并起到相应密闭的作用，门窗保温隔板均应完好，无破损。

（9）检查仓房内外地坪有无起鼓、不均匀沉降、爆灰、开裂或防水层外露等。如出现异常，在不影响使用的情况下，可利用高等级水泥进行修补。

（10）检查地槽内是否干燥整洁，地槽盖板是否全部放回原位。

四、注意事项

（1）安全性检查细致全面，出现异常时立即分析。

（2）修补作业应在满足仓房可安全使用的前提下开展，比较复杂的应报专业人员维修。

视频：检查简仓
安全性能

报告填写

填写简仓安全性能检查表，见表 1-2-6。

表 1-2-6　简仓安全性能检查表

检查单位			
仓号		检查日期	
原存品种		拟存品种方式	
检查记录			
仓房设施	地坪		仓门	
	墙体		挡粮门（板）	
	屋面		窗户	
	铺垫		入粮口	
	地槽盖板		安全绳挂钩	
	机械通风口		气体浓度检测装置	
	自然通风口		气密性检测装置	
	地下通廊出粮口		气密性检测结果	
	查粮出入小门		测温电缆	
	上下扶梯完好性		通风管道	
	布料器（机）		环流熏蒸设备	

续表

检查记录				
仓房设施	斗式提升机		气调设备	
	水平输送机械		除尘机械	
防护措施	防水防潮措施		风机及管道	
	防虫措施		测温电缆	
	防鼠雀措施		照明设备	
空仓、器材杀虫	仓外环境		消毒药剂	
	器材设备消毒		消毒方式	
	空仓杀虫		空仓器材杀虫效果	
检查结论				
整改意见				
保管员		安全员	设备管理员	审核

注：如完好，则填写"完好""完成"；如有问题，则说明具体的部位、存在的问题

 任务评价

按照表1-2-7评价学生工作任务完成情况。

表1-2-7　检查筒仓储粮安全性能评价表

班级：　　　　　　姓名：　　　　　　学号：　　　　　　成绩：

试题名称			检查筒仓储粮安全性能			考核时间：35 min	
序号	考核内容	考核要点	配分	评分标准	扣分	得分	备注
1	准备工作	安全防护	3	未戴安全帽，未穿工作服，扣3分			
2	操作前提	核对待检仓房基础信息	5	未检查相关工具用具，扣2分			
				未阅读资料就填卡，扣3分			
3	操作过程	仓房设施检查	60	检查屋面，错误扣2分			
				检查墙壁，错误扣2分			
				检查地坪，错误扣2分			
				检查通风口等孔洞，错误扣2分			
				检查门窗及挡粮板，错误扣4分			
				未核对仓房气密性，扣4分			
				检查地槽盖板，错误扣4分			
				检查入粮口，错误扣4分			
				检查通风管道，错误扣4分			
				检查温湿度检测仪器，错误扣4分			
				检查气体浓度检测装置，错误扣4分			
				检查布料器（机），错误扣4分			
				检查斗式提升机，错误扣4分			

续表

试题名称			检查筒仓储粮安全性能		考核时间：35 min		
序号	考核内容	考核要点	配分	评分标准	扣分	得分	备注
3	操作过程	仓房设施检查	60	检查水平输送机械，错误扣4分			
				检查环流熏蒸设备，错误扣4分			
				检查气调设备，错误扣4分			
				检查除尘机械，错误扣4分			
		防护措施检查	9	检查防潮防水措施，错误扣3分			
				检查防虫措施，错误扣3分			
				检查防鼠雀措施，错误扣3分			
		仓房内外清洁检查	9	未检查仓房是否消毒，扣3分			
				未检查空仓器材杀虫效果，扣3分			
				未检查仓外环境，扣3分			
4	操作结果	填写空仓检查表	10	未填写检查结论，扣5分			
				填写错误每1处扣1分，有涂改每1处扣0.5分，扣完为止			
				不合格之处未写整改意见，每1处扣2分，扣完为止			
5	使用工具	熟练规范使用仪器设备	4	工具使用不熟练、不规范，扣2分			
		工具使用维护		使用工具资料未维护，扣2分			
6	安全及其他	按国家法规或企业规定	—	违规停止操作	—		
		在规定时间内完成操作		超时停止操作			
合计			100	总得分			

否定项说明：违规操作□；发生事故□

巩固练习

一、填空题

1. 筒仓直径小、筒体高，入粮时会形成严重的_____现象——在筒壁处形成_____杂质区，在落粮点处形成_____杂质区，杂质严重分级给安全储粮带来隐患。中心管进(出)粮可以有效减缓进出粮操作时的自动分级现象。

2. 筒仓基本上是一种密闭仓型，通风不良，应注意粉尘浓度高的场合，特别是在_____内，凡在粮油振动或有落差处尘源产生的地方，都要采取除尘措施，严防_____。所有电器均应采用_____型的，凡有火星产生的维修工作，都应在停机状态下进行。

3. 浅圆仓的粮堆比平房仓、筒仓的粮堆大，其保温性能(保冷性)与_____更加突出。

在生产中，要利用它有利的一面，按照_____储粮模式管理好浅圆仓的储粮；同时，也要注意它不利的一面，防止粮油_____，引起发热霉变，造成损失。

二、单选题

1. 筒仓顶部与底部均有（　　），筒仓群的工作塔内设有提升、检斤、清理、除尘、控制等设备，筒仓的工艺流程使它能迅速完成粮油进出仓操作，有利于提高入库粮质，实现现代化管理。

    A. 称量设备　　　B. 输送设备　　　C. 检测设备　　　D. 通风设备

2. 筒仓直径小、筒体高，入粮时会形成严重的自动分级现象，（　　），杂质严重分级给安全储粮带来隐患。

    A. 在筒壁处形成环状的轻型杂质区，在落粮点处形成柱状的重型杂质区

    B. 在筒壁处形成环状的重型杂质区，在落粮点处形成柱状的轻型杂质区

    C. 在筒壁处形成柱状的轻型杂质区，在落粮点处形成环状的重型杂质区

    D. 在筒壁处形成柱状的重型杂质区，在落粮点处形成环状的轻型杂质区

3. 钢板筒仓的仓壁与仓顶的结合处有缝隙，影响筒仓的气密性与熏蒸杀虫效果，钢板筒仓常用作（　　）。

    A. 中转仓或加工厂的原料仓　　　　B. 中转仓或长期储粮仓

    C. 长期储粮仓或加工厂原料仓　　　D. 临时仓或长期储粮仓

三、多选题

1. 钢板筒仓的仓壁与仓顶的结合处有缝隙，影响筒仓的气密性与熏蒸杀虫效果，钢板筒仓常用作（　　）。

    A. 长期储粮仓　　　B. 临时仓　　　C. 中转仓　　　D. 加工厂的原料仓

2. 筒仓基本上是一种密闭仓型，通风不良，应注意粉尘浓度高的场合，（　　）等都要采取除尘措施，严防粉尘爆炸。

    A. 筒仓外　　　B. 粮油振动处　　　C. 粮油有落差处　　　D. 工作塔内

四、判断题

1. 钢板筒仓的仓壁与仓顶的结合处有缝隙，影响筒仓的气密性与熏蒸杀虫效果。钢板筒仓常用作中转仓或加工厂的原料仓，不用于长期储粮。　　　　　　　　　（　　）

2. 钢板筒仓壁薄、导热性好，筒壁处粮油易受外温影响，仓内外温差易导致粮堆水分转移，在粮堆表层和底部形成结露。　　　　　　　　　　　　　　　　　（　　）

3. 从生产应用效果来看，彩钢板屋面结构浅圆仓的气密性、隔热性等都好于混凝土屋面结构浅圆仓，因此，建议粮库建造彩钢板屋面结构的浅圆仓。　　　　　（　　）

任务四　粮仓防潮层的检查和维护

情景描述

    2023年3月，江苏省连云港市某粮食仓库按照计划分批次对库区仓房的防潮功能进行

例行检查和维护。第一批检修的仓房是 2012 年建设的 5 栋高大平房仓，请设计该批次仓房防潮层检查和维护的方案，并进行施工操作。

 学习目标

> **知识目标**
(1)理解仓房防潮常见问题的检查方法。
(2)掌握仓房日常维护的方法。

> **能力目标**
能检查和维护粮仓的防潮层。

> **素养目标**
(1)培养学生自主探究、团结互助的学习态度和精益求精、一丝不苟的工匠精神。
(2)培养学生贯彻仓储管理高质量发展理念，支持粮食绿色仓储提升行动。

任务资讯

知识点一　仓房防潮常见问题的检修方法

年久失修、大风袭击或地质结构变化等因素会造成仓房屋面损坏漏雨、仓墙出现裂缝返潮、地坪沉降或断裂返潮等。仓房防潮层或防水层损坏都会引起粮油吸湿霉烂，在对仓房日常检查时要及时发现并进行维修。

1. 平瓦屋面仓房漏雨的整修方法

破瓦或砂眼瓦引起漏雨时，应更换新瓦；防水材料损坏引起漏雨时，应及时更新防水材料；瓦片滑动造成搭接错位或脱开时，应进行串瓦，使瓦片恢复原有位置，上下瓦片落榫。檩条或挂瓦条不均匀下沉或檩条本身弯曲变形，造成屋面不平时，会因积存雨水而引起漏雨。调平方法如下：在檩条上加一木板垫块，或在不平处所有挂瓦条的下面垫木片取平。若局部檩条因腐朽、断裂或变形下垂等造成屋面凹陷不平，应根据具体情况分别处理，可在原有檩条旁边加一根檩条，或更换新檩条，使屋面恢复平整。

2. 防水卷材屋面漏雨的修补方法

对于一般细微裂缝，可将表面保护层刮除干净后，在裂缝处用嵌缝油膏嵌填密封处理，再涂刷冷底子油，涂刷 2～3 遍沥青玛琋脂。对于由屋面底层变形引起的较粗裂缝，先除去表面保护层，然后沿裂缝处用沥青玛琋脂涂刷填满裂缝，并粘贴 100 mm 宽的改性沥青防水卷材条，经数天充分收缩稳定后，以玛琋脂再铺贴 200 mm 宽的改性沥青防水卷材条，上面抹 30 mm 玛琋脂，再做保护层。

3. 钢筋混凝土屋面裂缝漏雨的修补方法

可采用环氧树脂黏合剂修补。修补时，先刷清裂缝表面，吹净裂缝内外灰砂，用画笔蘸黏合剂在裂缝处涂刷，待黏合剂渗入裂缝后，再涂刷第二次或第三次。画笔使用后立即用少量二甲苯清洗。二甲苯和乙二胺都是易燃品且有毒，使用时需注意安全，操作时应戴手套，涂刷完后需洗手，如皮肤粘有黏合剂可用碎布蘸少许二甲苯擦洗。

环氧树脂黏合剂按表 1-2-8 配制时，先将环氧树脂倒入杯中，再加入二甲苯，搅拌均匀后倒入铁勺，再加入乙二胺，继续搅拌，待呈乳白色后即可使用。切忌将乙二胺直接倒入装有环氧树脂的量杯，否则，环氧树脂将会在量杯中硬化，使量杯不能再用。配制环氧树脂黏合剂一次不宜过多，每次配制 50～100 mL 即可。

表 1-2-8　环氧树脂黏合剂配方

材料名称	配合比(体积比)/%	备注
环氧树脂(634♯)	100	熔点为 12～28 ℃
二甲苯(稀释剂)	20～30	—
乙二胺(硬化剂)	10～15	—
填充料(水泥、石英粉或砂子)	—	当裂缝较大时使用

4. 屋顶的天沟、檐沟等漏水的修补方法

天沟、檐沟铺贴卷材应从沟底开始，当沟底过宽，卷材需纵向搭接时，搭接缝应用密封材料封口。涂膜施工时的基层表面干燥程度应与涂料特征相适应，采用沥青基防水涂膜、溶剂型高聚物改性沥青涂料或合成高分子涂膜，均应在基层及基层处理剂干燥后方可进行涂膜施工操作。

5. 仓房墙壁裂缝的修补方法

对于一般裂缝，在其停止发展趋于稳定状态之后，即可进行加固处理。其方法是先将裂缝处的旧砂浆清除干净，用适量清水润湿，然后用高等级砂浆或环氧树脂填抹缝隙，使裂缝处恢复黏结能力。若裂缝很细小，呈发丝状，则砂浆不易填入，可在裂缝处墙面上涂抹水泥砂浆保护层，以防裂缝扩大。

对于墙壁墙角下沉局部破裂处、门窗边墙裂缝及安装机械设备碰撞造成的破损，均应视损坏程度，采取相应的维修方法。在仓内破损修复施工时，要先平整底层、清洁缝隙，用嵌缝油膏嵌填密封处理，再涂刷冷底子油，可用乳化沥青或本涂料用清水 1∶1 稀释打底，干燥 4 h 以上。改性沥青防水涂料施工时，要多涂薄刷；缝隙较大时，可加用一或二层玻纤网格布做加强层，参考用量为 3～5 kg/m³，涂层厚度为 1.5～3 mm，每道工序间隔 8 h 以上。

若防潮层下坠造成墙皮裂缝，可把裂缝周围铲除，然后修补防潮层或刷上沥青，再刷面层。地基不牢或超仓容量存粮造成仓墙裂缝，通过采取补救措施可继续存粮的，可在仓外砌砖垛加固，并对裂缝做防潮处理。

6. 仓内地坪裂缝的修补方法

修补混凝土地坪裂缝时，先将裂缝适当凿宽，用清水把凿开的新缝面洗干净，刷一层水泥浆，然后用高等级水泥浆或水泥混凝土进行补修；修补沥青地坪裂缝时，在凿宽并刷洗干净的新缝面上直接浇一层热沥青，然后用沥青砂浆拍实。沥青地坪的细裂缝用沥青玛琋脂涂抹即可。两油一毡铺干砖地坪因裂缝出现返潮时，把周围砖块揭掉，在原来的防潮层上再铺一层油毡或刷一层沥青，然后重新铺设干砖，并用沥青砂浆或水泥砂浆嵌缝。对大面积失效的地坪，要及时修整或在原来的地坪上再铺一层防潮层。

若地坪裂缝范围很广，裂缝严重并形成龟裂，则不宜修补，应考虑全面翻修。

修补地坪裂缝宜在春秋季进行。气温过高时修补的裂缝，过冬时会因产生较大的拉应力而开裂，气温过低时又不利于裂缝的黏合。

7. 仓内地坪局部塌陷的修补方法

修补混凝土地坪局部塌陷修补时，可将塌陷处打开，先将垫层、结构层、防潮层修整好，然后重新做面层，局部做新面层时要注意使新、旧地坪的接缝处紧密结合。修补沥青地坪的局部塌陷时，应先在修整好的垫层上涂抹一层热沥青，再做新面层。新做的沥青灰浆面层需用热滚筒碾压5～7遍，墙角等不易碾压的地方，可用铁质热夯夯实，然后用火熨斗熨平。修补砖地坪局部塌陷的方法比较简单，先将塌陷部分的砖块取起，修整夯实垫层、防潮层，再重新铺设砖面层，使新面层高度与原地坪保持一致，砖块四周缝口用细砂填实或用灰浆嵌缝，以免松动。

知识点二　仓房防潮层的日常维护

1. 粮仓的一般维护

（1）仓内地坪要保持平整干燥、无裂缝、不返潮。混凝土地坪禁止用重锤撞击，重车碾压，防止和酸碱、油类物质接触；沥青地坪要防止与石油类系列产品及食用植物油接触，对两油一毡沥青黏砖地坪，要随时检修，以保持其性能良好，延长其使用年限。

（2）粮油堆放要合理，散装仓房禁止超高超量储存粮油，以保证粮仓及人身安全。粮油进出仓时要注意使粮油对仓墙、地坪作用力保持平衡，避免粮堆出现一侧过高一侧过低现象，使墙体损坏甚至倒塌。

（3）包装粮的堆垛高度要控制在规定高度内，以防止堆垛过高，使地坪负荷过重，压陷地坪，甚至影响墙基稳定。垛基要堆平堆稳，防止倒垛损坏仓墙。

（4）仓房门窗、屋架的天平木、人字木、桁条及其他构件要经常检查，随时维修，及时或定期上漆。螺丝帽及其他铁件有松动的，要采取紧固措施，无论木制、铁制横梁均禁止挂放重物，以防横梁变形，出现事故。

（5）屋面要保持平整，瓦路整齐合缝，不积灰尘，严防鸟雀在瓦缝和屋檐做窝。冬季如积雪厚度超过设计承受重量，应及时进行扫除，避免屋顶积雪过厚使屋面下陷，甚至造成倒塌事故。

（6）仓房四周要经常保持清洁卫生，排水沟及仓房护坡要保持完好无损，屋檐口和墙上的落水槽要安装完好，落水管及排水沟内的杂草、污泥要经常清理，使排水管通畅，保持环境干燥。

2. 粮仓的检修维护

（1）仓顶的检修。仓顶是仓房的防水、隔热、密闭的重要组成部分，要经常检查，发现问题时应及时维修。如发现漏雨，要修补防水层。

（2）仓墙的检修。仓墙是仓房的承重、承压、密闭的重要组成部分。如发现有裂缝、变形、脱皮等异常情况，要区别对待处理。

（3）地坪的检修。无论水泥地坪还是沥青地坪，其使用年限过久或质量较差均会出现地坪裂缝、陷坑、残缺等现象，使地坪局部或全部失去防潮性能，应及时进行维修。

（4）地下仓覆土面的检修。检修覆土面有无鼠洞、蚁洞，发现后要及时填塞。覆土层要保持一定的排水坡度。对于覆土层较薄的仓顶，应检查草木生长情况，以防止其延伸到仓体使仓房的防潮层开裂。

（5）钢结构筒式仓的维护。定期检查钢板仓防锈漆有无剥落，每两年涂刷一次防锈漆；对钢板仓的连接节点进行观察，检查螺钉、垫片、焊缝等是否完好；观察与土建相连的支座部位有无变化。

（6）其他部位的检修。老仓房门窗多数是木制的，则经长期的风吹雨淋，会出现腐朽、脱落、裂缝等现象，对腐朽的要及时更新，脱漆的重新刷漆，裂缝可用油灰嵌实。仓门最好选用铁皮隔热门，这样既防止风吹、日晒、雨雪侵蚀，又能达到防鼠的效果。对木制梁、桁条，如有裂缝可用油灰嵌实，若裂缝过大，要用铁箍箍住，防止裂缝发展。对铁制梁及人字架，要经常检查焊口及螺母处，如出现松动、焊口开裂，须拧紧螺母和重焊，确保安全。

 任务演练

粮仓防潮层的检查和维护

 工作任务

请根据本任务"情景描述"中仓房的防潮功能进行检查和维护要求，设计仓房防潮层检查和维护的方案，确认检查结果，做好维护工作。

 任务实施

一、任务分析

粮仓防潮层的检查和维护需要明确以下问题。

（1）仓房防潮常见问题的检修方法。

（2）仓房防潮层的日常维护。

视频：粮仓防潮层
的检查和维护

二、器材准备

空仓、仓房基本资料、安全帽、工作服和工作手套等。

三、操作步骤

（1）查阅仓房的建设资料，包括仓房类型、围护结构与性能说明的基本资料；掌握仓房尺寸、储粮品种与堆装形式等基本情况。

（2）分析所用防潮材料的性能及储粮对仓房的防潮要求。

（3）对仓房屋面、地坪、仓墙防潮层进行检查，确认检查结果。

（4）提出防潮层的维护方案，主要包括防潮材料选择、施工方法、预期结果等，报仓储管理部门审批。

（5）按照方案对仓房进行维护，并报告工作成果。

四、注意事项

（1）仓房不同部位防潮层的施工要求、维护方法不同。

（2）仓房防潮层的检查与维护重点因仓型不同而异。

（3）仓房防潮层维护方案要经济实用、可操作性强。要满足区域要求，特别是寒冷地区要选用与当地气温相适应的耐低温材料。

 报告填写

填写仓房屋面（地坪/仓墙）防潮层处理方案设计表，见表1-2-9。

表1-2-9　仓房屋面（地坪/仓墙）防潮层处理方案设计表

部门：　　　　　　　　　　　姓名：　　　　　　　　　　　时间：

仓房屋面（地坪/仓墙）防潮层检查情况	仓房类型		仓房编号	
	建造年份		是否空仓	
	仓顶防潮层		仓墙防潮层	
	地坪防潮层		门窗完好性	
	通风口情况		其他	
仓房屋面（地坪/仓墙）防潮层处理方案				
仓房屋面（地坪/仓墙）防潮层施工方法				

巩 固 练 习

一、填空题

1. 年久失修、大风袭击或_____等因素会造成仓房屋面损坏漏雨、仓墙出现裂缝返潮、地坪沉降或断裂返潮。

2. 钢筋混凝土屋面裂缝漏雨时可采用_____黏合剂修补。如操作时皮肤粘有黏合剂可用碎布蘸少许_____擦洗。

3. 环氧树脂黏合剂配制时，先将环氧树脂倒入杯中，再加入二甲苯，搅拌均匀后倒入铁勺，再加入_____，继续搅拌，待呈乳白色后即可使用。

二、单选题

1. 配制环氧树脂黏合剂时，先将环氧树脂倒入杯中，再加入（　　），搅拌均匀后倒入铁勺，再加入乙二胺，继续搅拌，待呈乳白色后即可使用；配制环氧树脂黏合剂一次不宜过多，每次配制 50～100 mL 即可。

    A. 苯   B. 二甲苯   C. 乙醚   D. 乙醇

2. 年久失修、大风袭击或地质结构变化等因素会造成仓房屋面损坏漏雨、仓墙出现裂缝返潮、（　　）或地坪断裂返潮。

    A. 地坪隆起   B. 地坪密实

    C. 地坪沉降   D. 地坪更加结实

3. 下列关于粮仓维护的叙述，说法错误的是（　　）。

    A. 散装仓房禁止超高超量储存粮油，以保证粮仓及人身安全

    B. 包装粮的堆垛高度要控制在规定高度内，以防止堆垛过高，使地坪负荷过重，压陷地坪，甚至影响墙基稳定

    C. 粮油进出仓不可避免地会出现粮堆一侧过高一侧过低现象，这不会损坏墙体

    D. 粮油进出仓要注意使粮油对仓墙、地坪作用力保持平衡，避免粮堆出现一侧过高一侧过低现象，使墙体损坏甚至倒塌

三、多选题

1. 下列关于仓内地坪裂缝的修补方法的叙述，正确的有（　　）。

    A. 修补混凝土地坪裂缝时，先将裂缝适当凿宽，用清水把凿开的新缝面洗干净，刷一层水泥浆，然后用高等级水泥浆或水泥混凝土进行补修

    B. 修补沥青地坪裂缝时，在凿宽并刷洗干净的新缝面上直接浇一层热沥青，然后用沥青砂浆拍实，沥青地坪的细裂缝用沥青玛琋脂涂抹即可

    C. 两油一毡铺干砖地坪因裂缝出现返潮时，把周围砖块揭掉，在原来的防潮层上再铺一层油毡或刷一层沥青，然后重新铺设干砖，并用沥青砂浆或水泥砂浆嵌缝

    D. 若地坪裂缝范围很广，裂缝严重并形成龟裂时，不宜修补，应考虑全面翻修

2. 下列关于粮仓维护的叙述，正确的有（　　）。

    A. 仓内地坪要保持平整干燥、无裂缝、不返潮

    B. 混凝土地坪禁止用重锤撞击、重车碾压，防止和酸碱、油类物质接触

    C. 沥青地坪要防止与石油类系列产品及食用植物油接触，对两油一毡沥青黏砖地坪，要随时检修，以保持性能良好，延长使用年限

    D. 散装仓房禁止超高超量储存粮油，以保证粮仓及人身安全

四、判断题

1. 仓墙是仓房的承重、承压、密闭的重要组成部分。如发现有裂缝、变形、脱皮等异常情况，要区别对待处理。   （　　）

2. 环氧树脂黏合剂配制时，先将环氧树脂倒入杯中，再加入乙二胺，搅拌均匀后倒入铁勺，再加入二甲苯，继续搅拌，待呈乳白色后即可使用。   （　　）

任务五　粮仓隔热层的检查和维护

情景描述

2023年3月，江苏省连云港市某粮食仓库按照计划分批次对库区仓房的隔热功能进行例行检查和维护。第一批检修的仓房是2012年建设的5栋高大平房仓，请设计该批次仓房隔热层检查和维护的方案，并进行施工操作。

学习目标

➤ **知识目标**
(1)理解仓房对保温、隔热的要求。
(2)掌握仓房隔热层检查和维护的方法。
➤ **能力目标**
会检查和维护粮仓的隔热层。
➤ **素养目标**
(1)培养学生自主探究、团结互助的学习态度和精益求精、一丝不苟的工匠精神。
(2)培养学生贯彻仓储管理高质量发展理念，支持粮食绿色仓储提升行动。

任务资讯

知识点一　仓房对保温、隔热的要求

(1)平房仓围护结构的保温、隔热应根据所在地区的气候条件及储粮工艺提供的技术参数综合确定。

(2)钢筋混凝土屋盖保温层应采用憎水型非散粒状保温材料；炎热地区钢筋混凝土屋盖宜做架空隔热层，或采用新型隔热材料；金属压型彩板屋顶应采用轻质、阻燃型保温材料。

(3)粮库仓房的保温层可采用松散材料保温层、板状保温层或整体保温层，隔热层可采用架空隔热层。

(4)封闭式保温层的含水率应相当于该材料在当地自然风干状态下的平衡含水率。当采用有机胶结材料时，不得超过5%；当采用无机胶结材料时，不得超过20%。易腐蚀的保温材料应做防腐处理。

(5)当保温隔热屋面的基层为装配式钢筋混凝土板时，应采用细石混凝土灌缝，其强度等级不低于C20；灌缝的细石混凝土宜掺微膨胀剂；当屋面板板缝宽度大于40 mm或上窄下宽时，板缝内应设置构造钢筋。

(6)对正在施工或施工完的保温隔热层应采取保护措施。

知识点二　仓房隔热层的检查和维护

1. 仓顶隔热层

仓顶外部隔热层有以下两种形式。

(1)结合原始设计进行，在屋面板上铺设隔热层。所采用的隔热材料主要有聚苯板、膨胀珍珠岩和蛭石等。此种方式隔热层因外部是防水层，所以日常检查的重点如下：防水层有无起鼓、破裂，破损处是否伤及隔热层。日常维护的重点如下：一是防止利器割断防水层，使隔热层受损进水；二是防止重器撞击屋面，损伤隔热层；三是加强防水层维护，及时维修更换防水层，以保护隔热层安全有效。

(2)仓房施工结束后，为了提高隔热效果，在仓顶上架空铺设的隔热层。采用的隔热材料主要有菱镁板(EPS)、岩棉板、铁瓦和水泥瓦等。日常检查的重点如下：隔热层的完好性、平整度；支架的牢固程度，保证隔热层与屋面连接牢固，防止脱落。日常维护的重点如下：一是防止利器割断隔热层；二是防止重器撞击，损伤隔热层；三是根据隔热材料的使用寿命，定期维修更换隔热层，以保护隔热层安全有效。

2. 内部吊顶隔热层

平房仓多采用内部吊顶的方式进行隔热处理。吊顶方式因屋架形式不同而异，有平型和马鞍型等；采用的隔热材料主要有菱镁板(EPS)、岩棉板、聚苯板和石膏板等。日常检查的重点如下：检查隔热层的完好性、平整度，查看有无破损、凹陷。日常维护的重点如下：一是防止利器割断隔热层；二是防止重器撞击，损伤隔热层；三是根据隔热材料的使用寿命，定期维修更换隔热层，以保护隔热层安全有效；四是使吊顶上层空间的湿热能够及时排出。

3. 仓房门窗隔热层

仓房门窗一般采用内部填充隔热材料的双层结构，其隔热性取决于隔热材料的隔热性能、密实程度和厚度。为了提高其隔热性，一般在门窗内侧增设一层隔热材料，在密封槽嵌压一层塑料薄膜。所采用的隔热材料主要有菱镁板(EPS)、岩棉板和聚苯板等。日常检查的重点如下：检查门窗、辅助隔热层的完好性、平整度，查看有无破损、凹陷。日常维护的重

视频：常见多种
隔热材料的特点

点如下：一是防止利器割断隔热层、塑料薄膜；二是防止重器撞击，损伤隔热层；三是根据门窗及隔热材料的使用寿命，定期维修更换门窗、隔热层，以确保其隔热性能。

4. 仓墙隔热层

仓房墙壁的隔热层一般是结合仓房施工进行设置的。所采用的隔热保温系统主要有 EPS 板薄抹灰外墙外保温系统、胶粉 EPS 颗粒保温浆料外墙外保温系统、EPS 板现浇混凝土外墙外保温系统、EPS 钢丝网架板现浇混凝土外墙外保温系统、机械固定 EPS 钢丝网架板外墙外保温系统等。日常检查的重点如下：检查外墙面及隔热层的完好性、平整度，查看有无破损、凹陷。日

视频：隔热结构
(墙体结构、屋
顶)的特点

常维护的重点如下：一是防止利器割断外墙面及隔热层；二是防止重器、车辆撞击损伤隔热层；三是结合仓房维修，加强外保护层、隔热层的修缮。

5. 通风口隔热层

仓房上的通风口隔热一般采用两种形式。一种形式是按照严紧密实的要求，采用膨胀珍珠岩、蛭石、稻壳等材料装进塑料袋，塞入通风口实施隔热；另一种方式是采用具有双层结构的通风口，层间敷设聚氨酯等隔热材料，通风门也采用双层隔热结构。日常检查的重点如下：检查外保护层、隔热层的完好性、平整度，查看有无破损、凹陷。日常维护的重点如下：一是防止利器割断外保护层、隔热层；二是防止重器撞击损伤外保护层、隔热层；三是根据通风口及隔热材料的使用寿命定期维修更换通风口、隔热层，以确保其隔热性能。

 **任务演练**

粮油仓库隔热层的检查和维护

 工作任务

请根据本任务"情景描述"中仓房的隔热功能进行检查和维护要求，设计仓房隔热层检查和维护的方案，确认检查结果，做好维护工作。

 任务实施

一、任务分析

粮油仓库隔热层的检查和维护需要明确以下问题。

(1)仓房对保温、隔热的要求。

(2)仓房隔热层的检查和维护。

视频：粮油仓库隔热层的检查和维护

二、器材准备

空仓、仓房基本资料、安全帽、工作服和工作手套等。

三、操作步骤

(1)查阅仓房的建设资料，包括仓房类型、围护结构与性能说明的基本资料，掌握仓房尺寸、储粮品种与堆装形式等基本情况。

(2)分析所用隔热材料的性能及储粮对仓房隔热的要求。

(3)对仓房屋顶、门窗、仓墙、通风口等隔热层进行检查，确认检查结果。

(4)提出隔热层的维护方案，主要包括防潮材料的选择、施工方法、预期结果等，报仓储管理部门审批。

(5)按照方案对仓房进行维护，并报告工作成果。

四、注意事项

(1)不同类型仓房隔热层的施工要求不同。

(2)仓房隔热层检查与维护的方法要科学，满足粮油仓房对隔热的要求。

(3)仓房隔热层的维护方法因部位不同而异。

报告填写

填写仓房屋面(地坪/仓墙/通风口)隔热层处理方案设计表，见表1-2-10。

表 1-2-10　仓房屋面(地坪/仓墙/通风口)隔热层处理方案设计表

部门：　　　　　　　　　　　　姓名：　　　　　　　　　　　　时间：

仓房屋面(地坪/仓墙/通风口)隔热层检查情况	仓房类型		仓房编号	
	建造年份		是否空仓	
	仓顶隔热层		仓墙隔热层	
	地坪隔热层		门窗完好性	
	通风口情况		其他	
仓房屋面(地坪/仓墙/通风口)隔热层处理方案				
仓房屋面(地坪/仓墙/通风口)隔热层施工方法				

![巩固练习]

一、填空题

1. 钢筋混凝土屋盖保温层应采用_____保温材料；炎热地区钢筋混凝土屋盖宜做架空隔热层，或采用新型隔热材料。

2. 为了提高隔热效果，在仓顶上架空铺设的隔热层采用的隔热材料主要有_____、岩棉板、铁瓦和水泥瓦等。

3. 仓房门窗一般采用内部填充隔热材料的双层结构，其隔热性取决于隔热材料的隔热性能、密实程度和_____。为了提高其隔热性，一般在门窗内侧增设一层隔热材料，在密封槽嵌压一层_____。

二、单选题

1. 平房仓围护结构的保温、隔热应根据所在地区的（　　）及储粮工艺提供的技术参数综合确定。

　　A. 气候条件　　　　　　　　　B. 经济条件

　　C. 地质条件　　　　　　　　　D. 政治条件

2. 钢筋混凝土屋盖保温层应采用（　　）保温材料；炎热地区钢筋混凝土屋盖宜做架空隔热层，或采用新型隔热材料。

　　A. 亲水型散粒状　　　　　　　B. 憎水型非散粒状

　　C. 润湿型散粒状　　　　　　　D. 以上都对

3. 平房仓多采用内部吊顶的方式进行隔热处理，吊顶方式因屋架形式不同而异，分为（　　）等。

　　A. 平型和格栅型

　　B. 全部吊顶和局部吊顶

　　C. 平型和马鞍型

　　D. 马鞍型和藻井型

三、多选题

1. 平房仓围护结构的保温、隔热应根据所在地区的（　　）综合确定。

　　A. 气候条件

　　B. 经济条件

　　C. 储粮工艺提供的技术参数地

　　D. 地质条件

2. 仓房门窗一般采用内部填充隔热材料的双层结构，其隔热性取决于隔热材料的（　　）。

　　A. 大小　　　　　　　　　　　B. 隔热性能

　　C. 厚度　　　　　　　　　　　D. 密实程度

3. 仓房门窗日常维护的重点是（　　）。

　　A. 防止利器割断防水层，使隔热层受损进水

　　B. 防止重器撞击屋面，损伤隔热层

　　C. 加强防水层维护，及时维修更换防水层，以保护隔热层安全有效

　　D. 湿热能够及时排出

四、判断题

1. 平房仓围护结构的保温、隔热应根据所在地区的气候条件及储粮工艺提供的技术参数综合确定。　　　　　　　　　　　　　　　　　　　　　　　　　（　　）

2. 仓房门窗一般采用内部填充隔热材料的双层结构，其隔热性取决于隔热材料的隔热性能、密实程度和厚度。为了提高其隔热性，一般在门窗外侧增设一层隔热材料，在密封槽嵌压一层塑料薄膜。　　　　　　　　　　　　　　　　　　　　　（　　）

【视野窗】

关于印发高标准粮仓建设技术要点(试行)的通知

"粮食储备设施"是"十四五"规划《纲要》明确的重大工程之一，建设高标准粮仓是"粮食储备设施"的重要任务。为认真落实关于推进高标准粮仓建设有关部署，国家粮食和物资储备局组织编制了《高标准粮仓建设技术要点(试行)》，并已经 2022 年 1 月 13 日第 98 次局长办公会议审议通过(图 1-2-1)。

高标准粮仓建设
技术要点(试行)

国家粮食和物资储备局
National Food and Strategic Reserves Administration

🔍 搜索

| 首页 | 机构设置 | 新闻发布 | 业务频道 | 党建工作 | 政策发布 | 通知公告 |

首页 > 政策发布 > 文件 > 其他文件

国家粮食和物资储备局办公室
关于印发高标准粮仓建设技术要点（试行）的通知

2022年01月26日【字号：大中小】　　　　　　🖨 打印

国粮办规〔2022〕26号

各省、自治区、直辖市、计划单列市及新疆生产建设兵团粮食和物资储备局（粮食局），中国储备粮管理集团有限公司、中粮集团有限公司、中国供销集团有限公司、北大荒农垦集团有限公司：

　　"粮食储备设施"是"十四五"规划《纲要》明确的重大工程之一，建设高标准粮仓是"粮食储备设施"的重要任务。为认真落实关于推进高标准粮仓建设有关部署，我局组织编制了《高标准粮仓建设技术要点（试行）》，并已经2022年1月13日第98次局长办公会议审议通过。现印发给你们，请认真贯彻落实。

国家粮食和物资储备局办公室
2022年1月21日

（此件公开发布）

图 1-2-1　关于印发高标准粮仓建设技术要点(试行)的通知

模块二　粮油出入库作业

项目一　凭感官判定粮油质量

学习导入

人们在挑选粮油产品时都会凭感官，包括视觉、嗅觉、味觉甚至听觉去判断产品的质量，根据感官判断的结果做出选择。在粮油各业务环节的检验中，都会在一定程度上采用感官鉴定法来鉴定粮油的杂质、水分、不完善粒及色泽、气味、滋味等项目是否正常，从而对粮油产品的外观价值、物理特性和工艺品质做出判断。

项目导学

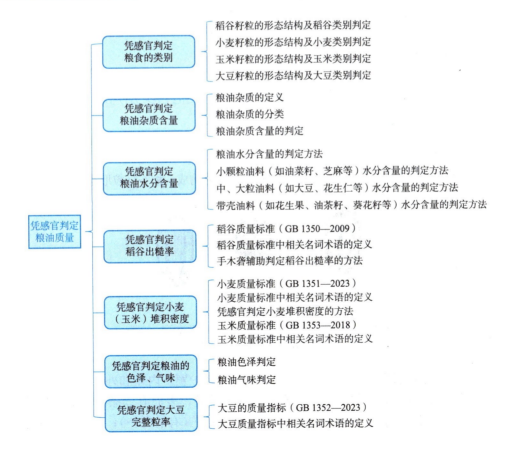

任务一　凭感官判定粮食的类别

　　某粮食购销公司购入一批粮食，包括不同品种和同一品种不同类别的稻谷、小麦、玉米和大豆，请针对每个粮食品种的形态结构和类别进行描述，正确分类同一粮食品种并存放在指定区域，同时，在指定区域内将同一品种，但不同类别的粮食分开存放。

学习目标

➤ **知识目标**

掌握稻谷、小麦、玉米、大豆的形态结构及其类别的判定方法。

➤ **能力目标**

能凭感官判定稻谷、小麦、玉米和大豆的类别。

➤ **素养目标**

培养学生爱粮节粮的意识和精益求精的工匠精神，提高学生综合分析和判断的能力。

任务资讯

知识点一　稻谷籽粒的形态结构及稻谷类别判定

一、稻谷籽粒的形态结构

1. 形态

稻谷籽粒是带壳的颖果，由颖壳和糙米（颖果）两部分构成。稻谷籽粒形态如图 2-1-1 所示。

图 2-1-1　稻谷籽粒形态

1—颖尖；2—内颖；3—外颖；4—内外颖重叠处；5—脉迹；6—护颖；7—腹白；
8—心白；9—沟纹；10—胚

　　（1）颖壳。颖壳包围在糙米外，包括外颖、内颖和护颖。内颖和外颖呈船形，表面生有茸毛。外颖比内颖大，包住内颖，形成内外颖重叠处，表面有 5 条稍隆起的脉迹（左、右两侧各 2 条，另 1 条在谷粒的腹线部），颖尖伸长成芒（有的无芒）；内颖较外颖小，表面有 3 条脉迹(背部及左右两侧各 1 条)，颖尖无芒，极少数有芒成双芒稻；护颖呈披针状，共 2 片，生在内外颖的基部。

稻谷的色泽与品种有关，一般呈鲜明的金黄色。同一稻粒的颖壳、护颖和芒的颜色不尽相同。

(2)糙米。稻谷经砻谷脱去颖壳后即可得到糙米。糙米属于颖果，它的表面平滑、有光泽，人们把糙米粒有胚的一面称为腹面，无胚的一面称为背面。糙米米粒表面共有 5 条纵向沟纹，背面的 1 条称为背沟，两侧各有 2 条，称为米沟，背沟相对较深。糙米沟纹处的皮层在碾米时很难全部除去，对于同一品种的稻谷，沟纹处留皮越多，可以认为加工精度越低，因此，大米的加工精度以粒面和背沟的留皮程度来表示。有的糙米在腹部或米粒中心部位表现出不透明的白斑，这就是腹白或心白。腹白和心白的形成与稻谷的品种及稻谷生长过程中的气候、雨水、肥料不适宜有关。腹白、心白的实质是胚乳结构疏松不紧密。对于籼稻米和粳稻米来说，腹白和心白多，角质率低，表明米质较差，食用品质较低。

2. 结构

糙米由果皮、种皮、外胚乳、胚乳及胚组成。糙米经加工碾去皮层和胚后留下的胚乳，即食用大米。

(1)果皮。果皮包括外果皮、中果皮、横列细胞和管状细胞，总厚度约为 10 μm。

(2)种皮。种皮极薄，厚度约为 2 μm，结构不明显。有的糙米种皮内含有色素而呈现颜色。

(3)外胚乳。外胚乳是粘连在种皮下的薄膜状组织，厚度为 1~2 μm，与种皮很难区分开来。

(4)胚乳。胚乳是米粒最大的部分，包括糊粉层和淀粉细胞。糊粉层细胞中充满了微小的糊粉粒，含有蛋白质、脂肪、维生素和矿物质，但不含淀粉；淀粉细胞中充满了淀粉粒。

(5)胚。胚位于米粒腹面的基部，呈椭圆形，由胚芽、胚茎、胚根和盾片组成，盾片与胚乳相连，种子发芽时分泌酶，分解胚乳中的储藏物质供给胚以养分。

二、判定稻谷类别的方法

1. 根据稻谷的粒形分类

稻谷根据粒形可分为籼型稻谷和粳型稻谷。籼稻谷籽粒一般呈长椭圆形或细长形；粳稻谷籽粒一般呈短椭圆形。

2. 在粒型分类的基础上，结合粒质特征分类

在籼型稻谷和粳型稻谷分类的基础上，结合粒质特征可以进一步分类。

(1)籼稻谷籽粒按其粒质和收获季节可分为早籼稻谷、晚籼稻谷和籼糯稻谷。

①早籼稻谷：籽粒一般呈长椭圆形或细长形，生长期较短，收获期较早，一般米粒腹白较大，角质部分较少。

②晚籼稻谷：籽粒一般呈长椭圆形或细长形，生长期较长，收获期较晚，一般米粒腹白较小或无腹白，角质部分较多。

③籼糯稻谷：籽粒一般呈长椭圆形或细长形，米粒呈乳白色，不透明或半透明装(呈半透明的，俗称阴糯)，黏性大。

(2)粳稻谷籽粒按其粒质，可分为粳型非糯稻谷和粳型糯稻谷。

①粳型非糯稻谷(俗称粳稻谷)：其糙米籽粒一般呈椭圆形，米粒呈半透明状，米质黏

性较大，胀性较小。

②粳型糯稻谷：其糙米籽粒一般呈椭圆形，米粒呈乳白色，不透明或半透明（呈半透明的，俗称阴糯），黏性大。

综上所述，稻谷分为早籼稻谷、晚籼稻谷、籼糯稻谷、粳稻谷和粳糯稻谷五类。

三、判定阴糯稻谷的方法

糯稻谷的胚乳有些也会呈半透明状态，称为阴糯。阴糯稻谷通常可用染色法进行判定，即将糙米去掉米皮后，不加挑选地数出 100～200 粒（小碎粒除外），用清水洗后，再用 0.1% 的碘-碘化钾溶液浸泡 1 min 左右，然后洗净，此时米粒已被染色：呈红棕色的为糯性米粒（即阴糯），呈蓝色的为非糯性米粒。

视频：凭感官判定
常见粮食种类

知识点二　小麦籽粒的形态结构及小麦类别判定

一、小麦籽粒的形态结构

1. 形态

小麦是不带壳的颖果，其籽粒形态如图 2-1-2 所示。小麦籽粒从背面看呈卵圆形、椭圆形或圆桶形。从侧面看，背面隆起呈半圆形，背面基部渐细小，有胚；腹面扁平，中间有 1 条纵向凹陷的沟，称为腹沟，腹沟两侧称为果颊。从横切片看则近似心形。小麦籽粒顶端生有一簇短而坚韧的绒毛，称为麦毛。有色小麦籽粒是由于种皮色素层细胞内含有色素的缘故，它对小麦粉的粉色有一定的影响。

图 2-1-2　小麦籽粒形态
1—麦毛；2—腹沟；3—胚

2. 结构

小麦籽粒是由皮层（果皮、种皮）、胚乳和胚组成。

（1）皮层。小麦的果皮与种皮高度愈合，难以分离。成熟的麦粒果皮厚度为 40～50 μm，种皮厚度为 10～15 μm，小麦的皮层占麦粒质量的 5%～8%。小麦的种皮由 2 层细胞构成，外层细胞无色透明，内层细胞往往含有色素。麦粒的皮色由内层细胞决定，内层细胞无色，小麦表现为白色；内层细胞含有红色或褐色物质，则小麦表现为红色。

（2）胚乳。胚乳外面为糊粉层，内部是淀粉细胞，糊粉层的胞腔内充满了细小的糊粉粒，糊粉层厚度为 60～70 μm，占麦粒质量的 6%～9%；淀粉细胞内含淀粉粒，且含有一定量的面筋。胚乳中大部分为淀粉，小部分为含氮物质和纤维素。磨粉时，淀粉胚乳是面粉的主要组成部分，麦麸主要是糊粉层及其外边的皮层。小麦胚乳因其结构的紧密程度不同，有角质与粉质之分。一般认为角质胚乳多的小麦其蛋白质含量较高，面筋品质好，出粉率也高；而粉质胚乳多的小麦情况正好相反。

（3）胚。胚位于背面的基部。胚占整个麦粒质量的 2%～3%。小麦胚中含有丰富的蛋白质、脂肪酸、维生素 E 和矿物质等成分。

二、判定小麦类别的方法

1. 按照小麦种皮颜色可分为白皮小麦和红皮小麦

观察麦粒种皮颜色，呈黄白色或浅黄色的为白皮小麦粒，白皮小麦粒达到 90% 以上的，该样品为白皮小麦；呈深红色或红褐色的为红皮小麦粒，红皮小麦粒达到 90% 以上的，该样品为红皮小麦；两者都不符合，为混合小麦（俗称花麦）。

2. 按照小麦胚乳质地可分为硬质小麦和软质小麦

混合分样后不加挑选地取出约 100 粒小麦，用手术刀片从麦粒中间切断，观察麦粒切面的质地，或牙齿咬断麦粒的感觉及咬断后麦粒断面质地。切面呈透明玻璃体状的为硬质，呈白色粉末状的为软质。

硬质部分达到小麦颗粒切面 1/2 的以上为硬质粒，硬质粒达到总量 70% 以上的为硬质小麦；反之，软质粒达到总量 70% 以上的为软质小麦。两者都不符合的为混合小麦（俗称花麦）。

3. 用小麦硬度仪测定小麦硬度指数

小麦硬度指数是指在规定条件下粉碎小麦，留存在筛网上的样品占试样的百分数，简称 HI。硬度指数越大，表明小麦硬度越高；反之，则小麦硬度越低。硬度指数不小于 60 的小麦，称为硬质小麦；硬度指数不大于 45 的小麦，称为软质小麦；硬度指数为 45～60 的小麦，称为混合小麦。

综上所述，小麦可分为以下 5 类。

硬质白小麦，种皮为白色或黄白色的、麦粒不低于 90%、硬度指数不小于 60 的小麦。

软质白小麦，种皮为白色或黄白色的、麦粒不低于 90%、硬度指数不大于 45 的小麦。

硬质红小麦，种皮为深红色或红褐色的、麦粒不低于 90%、硬度指数不小于 60 的小麦。

软质红小麦，种皮为深红色或红褐色的、麦粒不低于 90%、硬度指数不大于 45 的小麦。

混合小麦是不符合上述四种规定的小麦。

知识点三　玉米籽粒的形态结构及玉米类别判定

一、玉米籽粒的形态结构

1. 形态

玉米籽粒的颜色有黄、白、红、紫和蓝等多种，因品种而异，最常见的是黄色和白色。黄色品种的色素多存在于果皮和角质胚乳中，红色品种的色素仅存在于果皮中，而蓝色品种的色素则仅存在于糊粉层中。玉米籽粒大多有光泽。

玉米籽粒的形状因品种不同而有差异，就是同一品种的玉米籽粒也会因其在果穗中着生位置的不同而有所不同。玉米籽粒形态如图 2-1-3 所示。玉米最常见的形状有马齿形、半马齿形、三角形、近圆形、扁圆形和扁长略方形等。玉米籽粒的大小因品种和栽培水平的不同而有很大的差异。

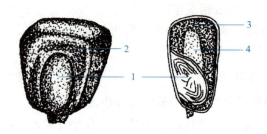

图 2-1-3　玉米籽粒形态
1—胚；2—胚乳；3—角质胚乳；4—粉质胚乳

玉米籽粒与其他谷类粮食相比有一个很大的特点，即胚明显很大，其体积可达整个籽粒的 1/3，是谷类粮食中胚最大的。该特点很大程度上决定了玉米的储藏性能。

2. 结构

玉米籽粒是由皮层、胚乳和胚三部分组成的。

(1)皮层。皮层占籽粒质量的 6%～8%，包括果皮和种皮。果皮上有孔纹、无绒毛，外有角质层覆盖；种皮为一栓化薄膜，没有明显的细胞结构。

(2)胚乳。胚乳占籽粒质量的 78%～85%。胚乳部分与稻谷、小麦一样也有角质和粉质之分。

(3)胚。胚占籽粒质量的 8%～15%。胚位于籽粒一侧的基部，胚中除含有丰富的脂肪外，还含有淀粉，这与其他谷类粮食明显不同，其他谷类粮食的胚中不含淀粉。

二、判定玉米类别的方法

根据种皮的颜色可将玉米籽粒分为以下三类。

(1)黄玉米。种皮为黄色(包括略带红色的黄色玉米)达到 95% 以上的玉米为黄玉米。

(2)白玉米。种皮为白色(包括略带淡黄色或粉红色的白色玉米)达到 95% 以上的玉米为白玉米。

(3)混合玉米。混入本类以外玉米超过 5.0% 的玉米为混合玉米。

知识点四　大豆籽粒的形态结构及大豆类别判定

根据大豆的颜色，可分为黄大豆、青大豆、黑大豆、其他大豆和混合大豆五类。

(1)黄大豆：种皮为黄色、淡黄色，脐为黄褐色、淡褐色或深褐色的籽粒不低于 95% 的大豆为黄大豆。

(2)青大豆：种皮为绿色的籽粒不低于 95% 的大豆为青大豆。青大豆按子叶的颜色可分为青皮青仁大豆和青皮黄仁大豆两种。

(3)黑大豆：种皮为黑色的籽粒不低于 95% 的大豆。黑大豆按子叶的颜色可分为黑皮青仁大豆和黑皮黄仁大豆两种。

(4)其他大豆：种皮为褐色、棕色、赤色等单一颜色的大豆及双色大豆(种皮为两种颜色为其他大豆，其中一种为棕色或黑色，并且覆盖粒面 1/2 以上)等。

(5)混合大豆：不符合上述(1)～(4)规定的大豆为混合大豆。

任务演练

子任务一 凭感官判定稻谷的类别

 工作任务

针对给定的稻谷样品，通过观察籽粒形态结构判断稻谷的类别。

任务实施

一、任务分析

凭感官判定稻谷的类别需要明确以下问题。

(1)稻谷籽粒的形态结构。

(2)判定稻谷类别的方法。

(3)判定阴糯稻谷的方法。

二、器材准备

稻谷样品 1、稻谷样品 2、稻谷样品 3、白瓷盘、手木砻、工作服和记录笔等。

三、操作步骤

(1)在散射光线下，检查并拌匀稻谷样品。

(2)观察稻谷的粒形，判定样品为籼型稻谷或粳型稻谷。

(3)将稻谷脱壳，观察糙米腹白，判定样品为早稻谷或晚稻谷。

(4)观察胚乳的透明度，判定样品为糯型稻谷或非糯型稻谷。

(5)综合确定稻谷类别，并填写在记录表中。

《粮食检验 稻谷粒型检验方法》（GB/T 24535—2009）

四、注意事项

(1)在观察中要避免阳光直射样品。

(2)判定稻谷类别要靠平时操作经验的总结，并注意加强比较，形成良好的感性认识。

(3)必要时，可采取其他措施配合判定稻谷的类型。

 报告填写

填写凭感官判定稻谷类别记录表，见表 2-1-1。

表 2-1-1 凭感官判定稻谷类别记录表

检测人：   检测时间：

样品编号	稻谷类别判定结果	备注
1		
2		
3		

任务评价

按照表 2-1-2 评价学生工作任务完成情况。

表 2-1-2　凭感官判定稻谷类别评价表

班级：　　　　　　　　姓名：　　　　　　　　学号：　　　　　　　　成绩：

试题名称		凭感官判定稻谷类别			考核时间：20 min		
序号	考核内容	考核要点	配分	评分标准	扣分	得分	备注
1	准备工作	安全防护	5	未穿工作服，扣 2 分			
		工作台面、样品准备		工作台面不清洁，样品摆放不整齐，扣 3 分			
2	操作前提	掌握稻谷分类方法及类别	10	口述稻谷分类方法及类别，错误扣 10 分，不全面扣 5 分			
3	操作过程	操作动作规范	20	未检查并拌匀样品，扣 5 分			
				样品抛撒达到 1/10，扣 5 分			
				未使用手木耆，扣 5 分			
				观察稻谷粒形、糙米腹白胚乳透明度，操作错误扣 5 分，不规范扣 3 分			
4	操作结果	鉴别稻谷样品类别正确	60	鉴别稻谷样品 1，错误扣 20 分			
				鉴别稻谷样品 2，错误扣 20 分			
				鉴别稻谷样品 3，错误扣 20 分			
5	使用工具	熟练规范使用仪器设备	5	仪器设备使用不规范、不熟练，扣 3 分			
		仪器设备使用维护		仪器设备未清理、未归位，扣 2 分			
6	安全及其他	按国家法规或有关安全规定操作	—	违规停止操作			
		在规定时间内完成操作		超时停止操作		—	
合计			100	总得分			
否定项说明：样品抛撒超 1/3□；违章操作□；发生事故□							

子任务二　凭感官判定小麦的类别

 工作任务

针对给定的小麦，通过观察小麦籽粒形态结构判断小麦的类别。

 任务实施

一、任务分析

凭感官判定小麦的类别需要明确以下问题。

(1)小麦籽粒的形态结构。

(2)判定小麦类别的方法。

二、器材准备

小麦样品1、小麦样品2、小麦样品3、白瓷盘、手术刀片、工作服和记录笔等。

三、操作步骤

(1)在散射光线下，检查并拌匀小麦样品。

(2)观察小麦种皮颜色，判定其为红麦、白麦或混合麦。

(3)通过观察麦粒切面、牙咬等感受胚乳质地，判定其为硬质麦、软质麦或混合麦。

(4)综合确定小麦类别，并填写在记录表中。

《小麦品种品质分类》
(GB/T 17320—2013)

四、注意事项

(1)在观察中要避免阳光直射样品。

(2)必要时，可采取其他措施配合判定小麦的类别。

 报告填写

填写凭感官判定小麦类别记录表，见表2-1-3。

表 2-1-3　凭感官判定小麦类别记录表

检测人：　　　　　　　　　　　　　　　　　　　　　　　　　　检测时间：

样品编号	小麦类别判定结果	备注
1		
2		
3		

 任务评价

按照表2-1-4评价学生工作任务完成情况。

表 2-1-4　凭感官判定小麦类别评价表

班级：　　　　　　姓名：　　　　　　学号：　　　　　　成绩：

试题名称		凭感官判定小麦类别			考核时间：15 min		
序号	考核内容	考核要点	配分	评分标准	扣分	得分	备注
1	准备工作	安全防护	5	未穿工作服，扣2分			
		工作台面、样品准备		工作台面不清洁，样品摆放不整齐，扣3分			
2	操作前提	掌握小麦分类方法及类别	10	口述小麦分类方法及类别，错误扣10分，不全面扣5分			

试题名称			凭感官判定小麦类别		考核时间：15 min		
序号	考核内容	考核要点	配分	评分标准	扣分	得分	备注
3	操作过程	操作动作规范	20	未检查并拌匀样品，扣5分			
				样品抛撒达到1/10，扣5分			
				观察小麦皮色，操作错误扣5分			
				鉴别小麦胚乳质地，操作错误扣5分，不规范扣3分			
4	操作结果	鉴别小麦样品类别正确	60	鉴别小麦样品1，错误扣20分			
				鉴别小麦样品2，错误扣20分			
				鉴别小麦样品3，错误扣20分			
5	使用工具	熟练规范使用仪器设备	5	仪器设备使用不规范、不熟练，扣3分			
		仪器设备使用维护		工具未归位，扣2分			
6	安全及其他	按国家法规或有关安全规定操作	—	违规停止操作			
		在规定时间内完成操作		超时停止操作	—		
合计			100	总得分			
否定项说明：样品抛撒超1/3□；违章操作□；发生事故□							

子任务三　凭感官判定玉米的类别

 工作任务

针对给定的玉米样品，通过观察玉米籽粒形态判断玉米类别。

 任务实施

一、任务分析

凭感官判定玉米的类别需要明确以下问题。

(1)玉米籽粒的形态结构。

(2)判定玉米类别的方法。

二、器材准备

玉米样品1、玉米样品2、玉米样品3、白瓷盘、手术刀片、工作服和记录笔等。

三、操作步骤

(1)在散射光线下，检查并拌匀玉米样品。

(2)观察玉米种皮颜色，确定混入本类别以外玉米的含量。

《玉米》(GB 1353—2018)

(3)判定玉米的类别，并填写在记录表中。

四、注意事项

(1)在观察中要避免阳光直射样品。

(2)因国家标准对玉米的分类方法比较简单，所以只需用视觉检验法即可较为容易地对玉米进行分类。通常在检验不完善粒的同时，按玉米分类方法拣出异色粒称量，通过计算异色粒质量占试样质量的百分率即可确定玉米的类别。

 报告填写

填写凭感官判定玉米类别记录表，见表2-1-5。

表 2-1-5 凭感官判定玉米类别记录表

检测人： 检测时间：

样品编号	玉米类别判定结果	备注
1		
2		
3		

 任务评价

按照表2-1-6评价学生工作任务完成情况。

表 2-1-6 凭感官判定玉米类别评价表

班级： 姓名： 学号： 成绩：

试题名称				凭感官判定玉米类别	考核时间：15 min		
序号	考核内容	考核要点	配分	评分标准	扣分	得分	备注
1	准备工作	安全防护	5	未穿工作服，扣2分			
		工作台面、样品准备		工作台面不清洁，样品摆放不整齐，扣3分			
2	操作前提	掌握玉米分类方法及类别	10	口述玉米分类方法及类别，错误扣10分，不全面扣5分			
3	操作过程	操作动作规范	20	未检查并拌匀样品，扣5分			
				样品抛撒达到1/10，扣5分			
				观察玉米皮色，操作错误扣10分			
4	操作结果	鉴别玉米样品类别正确	60	鉴别玉米样品1，错误扣20分			
				鉴别玉米样品2，错误扣20分			
				鉴别玉米样品3，错误扣20分			
5	使用工具	熟练规范使用仪器设备	5	仪器设备使用不规范、不熟练，扣3分			
		仪器设备使用维护		工具未归位，扣2分			

试题名称			凭感官判定玉米类别		考核时间：15 min		
序号	考核内容	考核要点	配分	评分标准	扣分	得分	备注
6	安全及其他	按国家法规或有关安全规定操作	—	违规停止操作			
		在规定时间内完成操作		超时停止操作			—
合计			100	总得分			

否定项说明：样品抛撒超 1/3□；违章操作□；发生事故□

子任务四　凭感官判定大豆的类别

工作任务

针对给定的大豆样品，通过观察大豆形态结构判断大豆类别。

任务实施

一、任务分析

凭感官判定大豆的类别需要明确以下问题：

(1)大豆籽粒的形态结构。

(2)判定大豆类别的方法。

二、器材准备

大豆样品 1、大豆样品 2、大豆样品 3、大豆样品 4、白瓷盘、手术刀片、工作服和记录笔等。

三、操作步骤

(1)在散射光线下，检查并拌匀大豆样品。

(2)观察大豆种皮颜色，确定混入本类别以外大豆的含量。

(3)确定大豆类别，并填写在记录表中。

四、注意事项

(1)在观察中要避免阳光直射样品。

(2)国家标准对大豆的分类方法比较简单，因此只需用视觉检验法即可较为容易地对大豆进行分类。通常在检验不完善粒的同时，按大豆分类方法拣出异色粒称量，通过计算异色粒质量占试样质量的百分率即可确定大豆的类别。

《大豆》(GB 1352
—2023)

报告填写

填写凭感官判定大豆类别记录表，见表2-1-7。

表2-1-7 凭感官判定大豆类别记录表

检测人：   检测时间：

样品编号	大豆类别判定结果	备注
1		
2		
3		

 任务评价

按照表2-1-8评价学生工作任务完成情况。

表2-1-8 凭感官判定大豆类别评价表

班级：   姓名：   学号：   成绩：

试题名称			凭感官判定大豆类别		考核时间：15 min		
序号	考核内容	考核要点	配分	评分标准	扣分	得分	备注
1	准备工作	安全防护	5	未穿工作服，扣2分			
		工作台面、样品准备		工作台面不清洁，样品摆放不整齐，扣3分			
2	操作前提	掌握大豆分类方法及类别	10	口述大豆分类方法及类别，错误扣10分，不全面扣5分			
3	操作过程	操作动作规范	20	未检查并拌匀样品，扣5分			
				样品抛撒达到1/10，扣5分			
				观察大豆皮色，操作错误扣10分			
4	操作结果	鉴别大豆样品类别正确	60	鉴别大豆样品1，错误扣15分			
				鉴别大豆样品2，错误扣15分			
				鉴别大豆样品3，错误扣15分			
				鉴别大豆样品4，错误扣15分			
5	使用工具	熟练规范使用仪器设备	5	仪器设备使用不规范、不熟练，扣3分			
		仪器设备使用维护		工具未归位，扣2分			
6	安全及其他	按国家法规或有关安全规定操作	—	违规停止操作			
		在规定时间内完成操作		超时停止操作		—	
合计			100	总得分			
否定项说明：样品抛撒超1/3□；违章操作□；发生事故□							

巩 固 练 习

一、填空题

1. 稻谷可分为早籼稻谷、晚籼稻谷、_____、粳稻谷和粳糯稻谷五类。

2. 小麦硬度指数是指在规定条件下粉碎小麦，留存在筛网上的样品占试样的百分数，简称 HI，硬度指数_____，表明小麦硬度越高。

3. 根据种皮的颜色可将玉米籽粒分为_____、白玉米和混合玉米三种。

4. 种皮为黑色的籽粒不低于 95％的大豆称为黑大豆。黑大豆按子叶的颜色可分为_____和黑皮黄仁大豆两种。

二、单选题

1. 下列不属于稻谷籽粒的形态结构的是（　　）。

　　A. 腹沟　　　　　　B. 糙米　　　　　　C. 颖壳　　　　　　D. 颖果

2. 下列（　　）可以鉴定为硬质红小麦。

　　A. 种皮为深红色或红褐色的、麦粒不低于 90％、硬度指数不小于 45 的小麦

　　B. 种皮为深红色或红褐色的、麦粒不低于 90％、硬度指数不小于 60 的小麦

　　C. 种皮为深红色或红褐色的、麦粒不低于 90％、硬度指数小于 45 的小麦

　　D. 种皮为深红色或红褐色的、麦粒不低于 90％、硬度指数小于 60 的小麦

3. 红色玉米的色素存在于（　　）中。

　　A. 果皮　　　　　　B. 角质胚乳　　　　C. 果皮　　　　　　D. 糊粉层

4. 大豆类别是根据大豆的（　　）判断的。

　　A. 颜色　　　　　　B. 粒形　　　　　　C. 粒质　　　　　　D. 粒度大小

三、多选题

1. 根据粒质和收获季节可将籼稻谷分为（　　）。

　　A. 早籼稻谷　　　　B. 粳糯稻谷　　　　C. 晚籼稻谷　　　　D. 籼糯稻谷

2. 下列是判定小麦类别依据的是（　　）。

　　A. 种皮颜色　　　　B. 胚乳质地　　　　C. 出粉率　　　　　D. 角质率

3. 下列描述可判定为混合玉米的是（　　）。

　　A. 种皮为黄色的占 93％，种皮为紫色的占 7％的玉米

　　B. 种皮为白色的占 90％，种皮为黄色的占 10％的玉米

　　C. 种皮为黄色的占 96％，种皮为紫色的占 3％的玉米

　　D. 种皮为白色的占 85％，种皮为黄色的占 10％的玉米

4. 下列属于大豆形态结构的是（　　）。

　　A. 种皮　　　　　　B. 胚　　　　　　　C. 胚乳　　　　　　D. 子叶

四、判断题

1. 经染色法后阴糯稻谷被染成蓝色。　　　　　　　　　　　　　　　（　　）

2. 小麦硬质粒占总量的 80％可以鉴定为硬质小麦。　　　　　　　　（　　）

3. 玉米的胚较小，体积只占整个籽粒的 1/10。　　　　　　　　　　（　　）

4. 判断大豆类别的依据是种脐的颜色。　　　　　　　　　　　　　　（　　）

任务二　凭感官判定粮油杂质含量

情景描述

　　2023 年 9 月，安徽省安庆市某省级粮食储备库到巢湖的某一镇上收购稻谷，该镇粮食经纪人宛经理的公司露天堆放的稻谷是从农户手里刚刚收来的新粮。在收购现场，储备库检验员刘某凭借丰富的实践经验，通过眼看、手抓、筛理等，凭感官准确快速地对宛经理公司的稻谷进行了杂质含量判定。请掌握凭感官判定粮油杂质含量的方法。

学习目标

> **知识目标**

掌握粮油杂质的定义、分类及凭感官判定粮油杂质含量的方法。

> **能力目标**

能凭感官判定粮油杂质含量。

> **素养目标**

培养学生严谨细致和精益求精的工匠精神，提高学生综合分析和判断的能力。

任务资讯

知识点一　粮油杂质的定义

　　粮油杂质一般是指夹杂在粮油中既没有食用价值又影响粮油品质的物质或异种粮粒。

　　粮油中混有杂质不但会降低食用价值，而且杂质往往含水量高，存在着大量微生物，容易引起储粮发热、霉变，影响储粮安全。入库粮油的杂质、水分含量是分等分级储存的依据之一，也是在粮油储藏中采取除杂、烘干措施的指导依据。

　　在粮油加工过程中，杂质含量高将影响出品率，应根据杂质含量大小指导加工工艺和采取除杂措施。另外，有些杂质、种子和针刺状金属物等，人畜食用后会产生有害作用。因此，在粮油的质量指标中杂质作为限制性项目，尤其在成品粮中限制较严。

知识点二　粮油杂质的分类

　　按性质，可将粮油杂质分为以下三类。

　　(1)筛下物：是指通过规定筛层筛下的物质。筛下物是粮油杂质的一种，通常指通过规定筛层的物质，如小麦通过 $\phi 1.5$ mm，稻谷通过 $\phi 2.0$ mm，玉米、花生仁(大豆)通过 $\phi 3.0$ mm，花生通过 $\phi 5.0$ mm 圆孔筛的物质。

　　(2)有机杂质：一般指夹杂在粮油中的无食用价值的粮油籽粒，异种粮粒或异种油料种子、杂草种子，自然脱落的外壳、植物体及其他有机杂质(如根、茎、叶的残体)等。

(3)无机杂质：一般指夹杂在粮油中泥土、砂石、砖瓦块，以及其他无机物质等。

知识点三　粮油杂质含量的判定

1. 视觉检验法

通过察看粮粒表面的清爽程度，以及各类杂质、无食用价值粮粒和异种粮粒的数量、比例，判定杂质含量；也可将手插入粮油，并顺手抓出一把样品，向上松开手掌，轻轻抖动手掌使粮粒徐徐下落，看手掌心和指缝间的泥沙含量。对于中粒粮和大粒粮，因粮粒间的孔隙较大，所以杂质往往会在包装或粮堆的中下部，手插取样时应尽量伸入中下部。

2. 选筛辅助检验法

随机取混合样品约 250 g，用粮油杂质检验用的选筛，把被检粮油放入选筛，套上筛底和筛盖，用力筛理片刻后，依据筛底中筛下物多少，判定杂质含量。

3. 瓷盘辅助检验法

把粮油放在瓷盘中摊平，抖动瓷盘，使杂质集中到瓷盘的下面，然后移开粮油，通过观察盘中杂质多少判定粮油杂质含量。

 任务演练

凭感官判定粮油杂质含量

 工作任务

针对给定的粮食样品种类，凭感官判定其杂质含量。

任务实施

一、任务分析

凭感官判定粮油杂质含量需要明确以下问题。

(1)粮油杂质的定义。

(2)粮油杂质的分类。

(3)粮油杂质含量的判定。

二、器材准备

粮食样品 1、粮食样品 2、粮食样品 3、白瓷盘、镊子、工作服和记录笔等。

《粮油检验 粮食、油料
的杂质、不完善粒检验》
(GB/T 5494—2019)

三、操作步骤

(1)在散射光线下，检查并拌匀粮油样品。

(2)视觉检验。用手抄动粮油样品，依据手掌中杂质的多少判定其含量。

(3)选筛辅助检验。用选筛筛理粮油样品，依据筛下物中杂质多少判定其含量。

(4)瓷盘辅助检验。把粮油样品放在瓷盘中摊平，通过观察盘中杂质多少判定其含量。

(5)将判定的结果填写在记录表中。

四、注意事项

(1)有机杂质(如粮油植株的根、茎、叶、颖等)往往质轻，多留在粮油表层，比较醒目，但不一定会使杂质超标；泥砂等杂质是影响杂质含量的主要因素。

(2)上述操作步骤(2)~(4)既可单独使用，也可组合使用判定杂质含量。

(3)凭感官判定粮油杂质应经常与仪器检测结果对照、调整，以提高判定的准确度。

视频：凭感官判定
粮油杂质含量

 报告填写

填写凭感官判定粮油杂质含量记录表，见表 2-1-9。

表 2-1-9　凭感官判定粮油杂质含量记录表

检测人：　　　　　　　　　　　　　　　　　　　　　检测时间：

样品编号	杂质含量判定结果	备注
1		
2		
平均		

 任务评价

按照表 2-1-10 评价学生工作任务完成情况。

表 2-1-10　凭感官判定粮油杂质含量评价表

班级：　　　　　　姓名：　　　　　　学号：　　　　　　成绩：

试题名称		凭感官判定粮油杂质			考核时间：15 min		
序号	考核内容	考核要点	配分	评分标准	扣分	得分	备注
1	准备工作	安全防护	5	未穿工作服，扣 2 分			
		工作台面、样品准备		工作台面不清洁，样品摆放不整齐，扣 3 分			
2	操作前提	掌握凭感官判定粮油杂质的方法	10	口述凭感官判定粮油杂质的方法，错误扣 10 分，不全面扣 5 分			
3	操作过程	动作规范、方法正确	20	未检查并拌匀样品，扣 5 分			
				未将样品倒入白瓷盘中，扣 5 分			
				样品抛撒达到 1/10，扣 5 分			
				判定粮油杂质含量，操作方法错误扣 5 分，不规范扣 3 分			

试题名称				凭感官判定粮油杂质	考核时间：15 min		
序号	考核内容	考核要点	配分	评分标准	扣分	得分	备注
4	操作结果	粮食样品1	20	判定结果与预先检验结果对照，误差≤±1.0%不扣分；在±(1.0%～2.0%)扣10分；>±2.0%不得分			
		粮食样品2	20				
		粮食样品3	20				
5	使用工具	熟练规范使用仪器设备	5	仪器设备使用不规范、不熟练，扣2分			
		仪器设备使用维护		样品未归位，台面未清理，扣3分			
6	安全及其他	按国家法规或有关安全规定操作	—	违规停止操作			
		在规定时间内完成操作		超时停止操作		—	
合计			100	总得分			
否定项说明：样品抛撒超 1/3□；违章操作□；发生事故□							

巩 固 练 习

一、填空题

1. 按性质，可将粮油杂质分为_____、有机杂质和无机杂质三类。

2. _____一般指夹杂在粮油中的无食用价值的粮油籽粒，异种粮粒或异种油料种子、杂草种子，自然脱落的外壳、植物体及其他有机杂质(如根、茎、叶的残体等)。

3. 粮油杂质含量的判定方法有_____、选筛辅助检验法和瓷盘辅助检验法。

二、单选题

1. 下列不属于小麦样品中的杂质的是(   )。

　　A. 大豆　　　　　　　　　　　　　B. 砂石

　　C. 杂草种子　　　　　　　　　　　D. 仍有食用价值的小麦

2. 小麦的筛下物指的是通过(   )mm孔径筛层的物质。

　　A. 0.5　　　　　B. 1.0　　　　　C. 1.5　　　　　D. 2.0

3. 对于中、大粒粮采用视觉检验法，手插取样时手应伸入(   )。

　　A. 上部　　　　B. 中部　　　　C. 底部　　　　D. 中下部

三、多选题

下列属于粮油杂质的有(   )。

　　A. 筛下物　　　　　　　　　　　　B. 有机杂质

　　C. 无机杂质　　　　　　　　　　　D. 尚有食用价值的粮粒

四、判断题

1. 小麦的筛下物指的是通过 1.5 mm 孔径筛层的物质。　　　　　　　　　(   )

2. 杂草种子属于粮油杂质中的无机杂质。　　　　　　　　　　　　　　（　　）

任务三　凭感官判定粮油水分含量

情景描述

　　2023 年 6 月，安徽省蚌埠市某粮食贸易公司到固镇县某镇收购小麦，其收购的是当年刚刚收获的新麦子，检验员赵某凭借丰富的实践经验，通过眼看、手抓、牙咬等，凭感官很快完成了小麦水分含量的判定。请掌握凭感官判定粮油水分含量的方法。

学习目标

➤ **知识目标**
掌握凭感官判定粮油水分含量的方法。
➤ **能力目标**
能凭感官判定粮油水分含量。
➤ **素养目标**
培养学生具体问题具体分析的意识，提高学生综合分析和判断的能力，塑造学生精益求精的工匠精神。

任务资讯

知识点一　粮油水分含量的判定方法

1. 触觉检验法

用手插入粮油，抓满一把、紧紧握住，并用力使手掌内的粮油转动，从以下几个方面感觉，判定粮油水分含量的高低。

（1）手插入粮油的阻力大小：对于同一种粮油来说，手插入较为容易，表明水分含量较低；反之，则水分含量较高。

（2）脆滑还是滞涩：脆滑、松爽者干燥；反之，则潮湿。

（3）硬软棘手程度：手掌感觉硬且刺手，水分含量较低；反之，则水分含量较高。

（4）凉热程度：手掌感觉温热时水分含量较低；反之，则水分含量较高。

2. 齿觉检验法

用牙咬时感觉坚硬、响声清脆、一咬两段，则水分含量较低；如咬断时发软疏松，响声轻、浊，则水分含量较高；如咬断时粮粒呈粉状或将粮粒咬扁，则水分含量很高。

3. 视觉检验法

（1）稻谷：取一定数量的稻谷，放在手木砻内碾出糙米，吹去谷壳看糙米。如出糙容易、糙米饱满、光洁、完整、碎粒少，则说明稻谷水分含量较低；如出糙不匀，糙米表面毛糙，碎粒多，则说明稻谷水分含量较高。

（2）小麦：看麦粒的表皮来判定水分含量的高低，如表皮紧缩、色泽淡黄或淡红且均匀一致，则水分含量较低。

（3）玉米：主要看玉米胚部，若胚紧缩、起皱，蒂松脆易断，则水分含量较低。

知识点二　小颗粒油料（如油菜籽、芝麻等）水分含量的判定方法

（1）手捏法。用手抓一把，并紧紧捏住，若有"嚓嚓"声，并从拳头两侧和指缝间大量滑出，将手张开时，手上剩余的籽粒自然散开，不成团，则水分含量较低；若响声较轻，籽粒从拳头和指缝间滑出的数量较少，且有绵软感，将手张开时，手上剩余的籽粒成团，不易散开，则水分含量较高。

（2）耳听法。用手将油料在粮堆上抛、撒，若响声清脆、松爽，则水分含量较低；反之，则水分含量较高。

（3）擦压法。把油料放在较为光滑的桌面上，用竹片或木片擦、压油料籽粒，若响声响而脆，壳、仁分离好，用口一吹，壳、仁飞扬，则水分含量较低；如擦压时响声不脆，壳仁分离度不高，则水分含量较高；如擦压时无响声，籽粒压成扁平状且壳仁不分离，则水分含量很高。

知识点三　中、大粒油料（如大豆、花生仁等）水分含量的判定方法

（1）大豆。大豆水分高低有"七长、八圆、九开身、十脱衣"之说，意思是指，大豆七成干时呈椭圆形，八成干时呈圆形，九成干的大豆籽粒用牙咬时可两片子叶分开，十分干的大豆籽粒用牙咬时能脱去种皮。

（2）花生仁。花生仁种皮粉红色呈紧缩状，易与子叶分离，子叶肉色洁白，中间凹陷明显者，水分含量较低。

知识点四　带壳油料（如花生果、油茶籽、葵花籽等）水分含量的判定方法

（1）用手抓一小把带壳油料（如花生果），加以摇动，听其响声，若响声清脆，则水分含量较低。

（2）用手插入带壳油料堆，用力一推，若容易推动，并哗哗作响，则水分含量较低。

（3）选取中等饱满的带壳油料数颗，剥去果皮，看去皮的难易度、去皮时的响声和果仁的表面状况，判定水分含量高低。

（4）拣出其中幼果，剥去外壳看籽仁的干湿程度，因幼果往往壳厚且成熟度低、含水多，所以若幼果水分含量较低，则成熟油果水分含量一般也较低。

凭感官判定粮油水分含量

针对给定的粮食品种，通过触觉、齿觉和视觉检验判断其水分含量，并规范填写水分记录表。

任务实施

一、任务分析

凭感官判定粮油水分含量需要明确以下问题。

(1)粮油水分含量的判定方法。

(2)小颗粒油料(如油菜籽、芝麻等)水分含量的判定方法。

(3)中、大粒油料(如大豆、花生仁等)水分含量的判定方法。

(4)带壳油料(如花生果、油茶籽、葵花籽等)水分含量的判定方法。

二、器材准备

粮食样品(小麦、玉米或稻谷)1、粮食样品2、粮食样品3、白瓷盘、镊子、工作服和记录笔等。

三、操作步骤

(1)在散射光线下,检查并拌匀粮油样品。

(2)触觉检验。用手插入粮油样品,抓取一把,凭感官判定粮油水分含量。

(3)齿觉检验。用牙齿将粮粒咬断,凭感官判定粮油水分含量。

(4)视觉检验。通过观察粮油的色泽、光泽、表皮是否紧缩等,判定粮油水分含量。

(5)将判定的结果填写在记录表中。

为粮油质检事业不懈耕耘的人(全国劳动模范奖章获得者周光俊先进事迹)

四、注意事项

(1)齿觉检验时,要注意区分粮油自身的质地状况,相同含水量的粮油,硬质粒比软质粒更坚硬,用牙齿咬断粮粒时所用的力度更大,响声也会更脆。

(2)上述操作步骤(2)～(4)既可单独使用,也可组合使用来判定粮油水分含量。

(3)凭感官判定粮油水分结果,应经常与仪器检测结果对照、调整,以提高判定的准确度。

视频:凭感官判定粮油水分含量

 报告填写

填写凭感官判定粮油水分含量记录表,见表2-1-11。

表 2-1-11 凭感官判定粮油水分含量记录表

检测人: 检测时间:

样品编号	水分含量判定结果	备注
1		
2		
平均		

任务评价

按照表 2-1-12 评价学生工作任务完成情况。

表 2-1-12　凭感官判定粮油水分含量评价表

班级：　　　　　　　姓名：　　　　　　　学号：　　　　　　　成绩：

试题名称			凭感官判定粮油水分		考核时间：15 min		
序号	考核内容	考核要点	配分	评分标准	扣分	得分	备注
1	准备工作	安全防护	5	未穿工作服，扣 2 分			
		工作台面、样品准备		工作台面不清洁，样品摆放不整齐，扣 3 分			
2	操作前提	掌握凭感官判定粮油杂质方法	10	口述凭感官判定粮油水分，方法错误扣 10 分，不全面扣 5 分			
3	操作过程	动作规范方法正确	20	未检查并拌匀样品，扣 5 分			
				未将样品倒入白瓷盘，扣 5 分			
				样品抛撒达到 1/10，扣 5 分			
				判定粮油水分含量，操作方法错误扣 5 分，不规范扣 3 分			
4	操作结果	粮食样品 1	20	判定结果与预先检验结果对照，误差 ≤±1.0%，不扣分；误差为 ±(1.0%~2.0%)，扣 10 分；误差>±2.0%，不得分			
		粮食样品 2	20				
		粮食样品 3	20				
5	使用工具	熟练规范使用仪器设备	5	仪器设备使用不规范、不熟练，扣 2 分			
		仪器设备使用维护		样品未归位，台面未清理，3 分			
6	安全及其他	按国家法规或有关安全规定操作	—	违规停止操作			
		在规定时间内完成操作		超时停止操作		—	
合计			100				

否定项说明：样品抛撒超 1/3□；违章操作□；发生事故□

巩 固 练 习

一、填空题

1. 粮油水分含量的判定方法有触觉检验法、_____和视觉检验法。

2. 手插入粮油时，若插入较为容易、脆滑、松爽，则表明水分含量_____。

3. 用牙咬粮油籽粒时感觉坚硬，响声_____，一咬两段，则水分含量_____。

二、单选题

1. 用手紧紧握住并用力使手掌内的粮油转动，若感觉（　　），则水分含量较低。
   A. 脆滑、硬、冰凉　　　　　　　　　　B. 脆滑、硬、温热
   C. 脆滑、软、冰凉　　　　　　　　　　D. 潮湿、软、温热
2. 用齿觉检验法判定粮油水分含量时，若咬声（　　）、齿觉（　　），则水分含量（　　）。
   A. 轻浊、松软、高　　　　　　　　　　B. 轻浊、坚硬、低
   C. 清脆、坚硬、低　　　　　　　　　　D. 清脆、松软、高

三、多选题

1. 下列属于凭感官判定粮油水分含量常用方法的是（　　）。
   A. 触觉检验　　　B. 齿觉检验　　　C. 视觉检验　　　D. 选筛辅助检验
2. 下列描述能表明粮油水分含量较低的有（　　）。
   A. 用手握住并用力使手掌内的粮油转动，手掌感觉脆滑、坚硬、温热
   B. 用齿觉检验法判定粮油水分含量时，咬声清脆、齿觉坚硬
   C. 粮油籽粒的表皮紧缩、色泽均匀一致
   D. 手插入粮油时感受的阻力较大，插入困难

四、判断题

1. 用牙咬粮油籽粒时感觉坚硬，响声清脆，一咬两段，则水分含量较低。　　　（　　）
2. 如麦粒表皮紧缩、色泽淡黄或淡红且均匀一致时，则水分含量较高。　　　（　　）

任务四　凭感官判定稻谷出糙率

情景描述

　　2023 年 10 月，江苏省无锡市某粮食贸易公司到某镇收购稻谷，其收购的是当年刚刚收获的新稻谷，检验员张某凭借丰富的实践经验，通过眼看、手抓等，很快凭感官完成了稻谷出糙率的判定。请掌握凭感官判定稻谷出糙率的方法。

学习目标

➤ **知识目标**
掌握稻谷的质量标准及相关名词术语的定义。

➤ **能力目标**
能凭感官判定稻谷的出糙率。

➤ **素养目标**
(1)培养学生粮食安全意识和爱粮爱国的情怀。
(2)加强学生对优质粮食工程、粮食质量安全的理解和认识。

《稻谷》(GB 1350—2009)

任务资讯

知识点一 稻谷质量标准(GB 1350—2009)

各类稻谷按出糙率分等，以 3 等为中等标准，低于 5 等的为等外稻谷，见表 2-1-13、表 2-1-14。

表 2-1-13 早籼稻谷、晚籼稻谷、籼糯稻谷质量指标   %

等级	出糙率	整精米率	杂质含量	水分含量	黄粒米含量	谷外糙米含量	互混率	色泽、气味
1	≥79.0	≥50.0						
2	≥77.0	≥47.0						
3	≥75.0	≥44.0	≤1.0	≤13.5	≤1.0	≤2.0	≤5.0	正常
4	≥73.0	≥41.0						
5	≥71.0	≥38.0						
等外	<71.0	—						
注："—"表示不要求								

表 2-1-14 粳稻谷、粳糯稻谷质量指标   %

等级	出糙率	整精米率	杂质含量	水分含量	黄粒米含量	谷外糙米含量	互混率	色泽、气味
1	≥81.0	≥61.0						
2	≥79.0	≥58.0						
3	≥77.0	≥55.0	≤1.0	≤14.5	≤1.0	≤2.0	≤5.0	正常
4	≥75.0	≥52.0						
5	≥73.0	≥49.0						
等外	<73.0	—						
注："—"表示不要求								

知识点二 稻谷质量标准中相关名词术语的定义

(1)净稻谷：除去杂质和谷外糙米后的稻谷。

(2)出糙率：净稻谷脱壳后的糙米占试样质量的百分率(其中不完善粒折半计算)。

(3)整精米：糙米碾磨成加工精度为国家标准三级大米时，长度达到试样完整米粒平均长度 3/4 及以上的米粒。整精米率是指整精米占净稻谷试样质量的百分率。

(4)不完善粒：未成熟或受到损伤但尚有使用价值的稻谷颗粒，包括未熟粒、虫蚀粒、病斑粒、生芽粒和生霉粒。

①未熟粒：籽粒未成熟、不饱满，糙米粒外观全部为粉质的颗粒。

②虫蚀粒：被虫蛀蚀并伤及胚乳的颗粒。

③病斑粒：糙米胚或胚乳有病斑的颗粒。

④生芽粒：芽或幼根已突出稻壳，或芽或幼根已突破糙米表皮的颗粒。

⑤生霉粒：去壳后糙米表面有霉斑的颗粒。

(5)谷外糙米：稻谷由于机械损伤等原因形成的糙米粒。

(6)杂质：除稻谷粒外的其他物质，包括以下几种。

①筛下物：通过直径为 2.0 mm 圆孔筛的物质。

②无机杂质：泥土、砂石、砖瓦块及其他无机物质。

③有机杂质：无使用价值的稻谷粒、异种粮粒及其他有机物质。

(7)黄粒米：胚乳呈黄色，与正常米粒色泽明显不同的颗粒。

(8)互混：本类别的稻谷中混入其他类别的稻谷。

(9)色泽、气味：一批稻谷固有的综合颜色、光泽和气味。

知识点三 手木礤辅助判定稻谷出糙率的方法

不加挑选地把适量稻谷放在手木礤中，轻轻捻磨，把稻谷的外壳脱去，观察糙米的色泽、外观、不完善粒含量及稻壳的薄厚，判定其出糙率。

(1)糙米的色泽。糙米色泽以颜色新鲜、浅黄色为佳，光泽明显为好，出糙率高。

(2)糙米的外观。观察糙米籽粒是否饱满、均匀，纵向沟纹深浅和腹白大小等。如果糙米颗粒大、均匀、饱满、纵向沟纹浅、腹白小、光泽好，则出糙率高。

(3)谷壳的薄厚。如果稻壳内外颖厚，则出糙率就会偏低。

(4)不完善粒含量。看糙米中死青米(是指外观呈淡青色，既无光泽又不透明，外观全部为粉质的颗粒)、灰质米(即白片、死米，是指外表白色无光泽，粒面皱缩粗糙，外观全部为粉质的颗粒)等未熟粒的含量和虫蚀、病斑、生芽、生霉粒所占的比例。不完善粒含量低的稻谷出糙率高。

凭感官判定稻谷出糙率

工作任务

对指定的一批稻谷样品，凭感官判定稻谷出糙率，并规范填写稻谷出糙率记录表。

任务实施

一、任务分析

凭感官判定稻谷出糙率需要明确以下问题。

(1)稻谷的质量标准(GB 1350—2009)。

(2)稻谷的质量标准中相关名词术语的定义。

(3)手木礤辅助判定稻谷出糙率的方法。

二、器材准备

稻谷样品 1、稻谷样品 2、稻谷样品 3、手木砻、样品盘、白瓷盘、镊子、工作服和记录笔等。

三、操作步骤

(1)在散射光线下,检查并拌匀稻谷样品。

(2)触觉检验法。用手抓一把稻谷,摊平在手掌上,掂其分量,然后观察稻谷籽粒的成熟度、饱满度,判定稻谷出糙率。

(3)手木砻辅助检验法。用手木砻将试样脱壳出糙,通过观察糙米的色泽、外观、稻壳薄厚、不完善粒多少判定稻谷出糙率。

(4)将凭感官判定的稻谷出糙率结果填写在记录表中。

《粮油检验 稻谷出糙率检验》(GB/T 5495—2008)

四、注意事项

(1)触觉检验与手木砻辅助检验两种方法应组合使用,提高判定稻谷出糙率的准确性。

(2)感官检测结果应与仪器检测结果多次对照、调整,提高凭感官判定的准确程度。

(3)凭感官判定稻谷出糙率时,要集中精力,不能分散注意力。

视频:凭感官判定稻谷出糙率

📦 报告填写

填写凭感官判定稻谷出糙率记录表,见表 2-1-15。

表 2-1-15　凭感官判定稻谷出糙率记录表

检测人:　　　　　　　　　　　　　　　　　　　　　检测时间:

样品编号	稻谷出糙率判定结果	备注
1		
2		
平均值		

 任务评价

按照表 2-1-16 评价学生工作任务完成情况。

表 2-1-16　凭感官判定稻谷出糙率评价表

班级:　　　　　　　姓名:　　　　　　学号:　　　　　　成绩:

试题名称				凭感官判定稻谷出糙率	考核时间:20 min		
序号	考核内容	考核要点	配分	评分标准	扣分	得分	备注
1	准备工作	穿戴劳保用品	2	未穿工作服,扣2分			
2	操作前提	检查混匀样品	8	未检查样品,扣4分			
				未混匀样品,扣4分			

续表

试题名称				凭感官判定稻谷出糙率		考核时间：20 min		
序号	考核内容	考核要点	配分	评分标准		扣分	得分	备注
3	操作过程	动作熟练操作正确	20	动作生疏、不协调，扣5分				
				样品抛撒超过1/10，扣5分				
				操作方法错误，扣5分				
				未用手木砻辅助判断，扣5分				
4	结果判定	稻谷样品1	20	每个判定结果与预先检测结果对照，误差≤±1.0%，不扣分；误差为±(1.0%~2.0%)，扣5分；误差为±(2.0%~4.0%)，扣10分；误差>±4.0%，不得分				
		稻谷样品2	20					
		稻谷样品3	20					
		稻谷等级判定	6	每个稻谷样品等级判定错误扣2分，扣完为止				
5	使用工具	熟练规范使用仪器设备	4	仪器设备使用不熟练，扣2分				
		工具使用维护		未对样品、台面整理，扣2分				
6	安全及其他	按国家法规或企业规定	—	违规停止操作		—		
		在规定时间内完成操作		超时停止操作		—		
合计			100	总得分				

否定项说明：样品抛洒超过1/3□；严重违规操作□；发生事故□

巩固练习

一、填空题

1. 各类稻谷按_____分等，以_____等为中等标准，低于5等的为等外稻谷。

2. 整精米是指糙米碾磨成加工精度为国家标准_____大米时，长度达到试样完整米粒平均长度_____及以上的米粒，整精米率是指整精米占_____试样质量的百分率。

3. 不完善粒是指_____或_____但尚有使用价值的稻谷颗粒，包括未熟粒、虫蚀粒、_____、_____、_____。

二、单选题

1. 净稻谷是指除去杂质和(　　)后的稻谷。

A. 不完善粒　　　　B. 谷外糙米　　　　C. 黄粒米　　　　D. 异种粮粒

2. 稻谷不完善粒是指未成熟或受到损伤但尚有使用价值的稻谷颗粒，不包括(　　)。

A. 损伤粒　　　　B. 未熟粒　　　　C. 虫蚀粒　　　　D. 病斑粒

3. 稻谷中的杂质是指除稻谷粒外的其他物质，不包括(　　)。

A. 筛上物　　　　B. 筛下物　　　　C. 无机杂质　　　　D. 有机杂质

三、多选题

1. 净稻谷是指除去（   ）后的稻谷。
   A. 谷外糙米   B. 杂质   C. 黄粒米   D. 不完善粒

2. 稻谷不完善粒是指未成熟或受到损伤，但尚有使用价值的稻谷颗粒，包括（   ）。
   A. 生芽粒   B. 未熟粒   C. 虫蚀粒   D. 病斑粒

3. 稻谷有机杂质包括（   ）。
   A. 无使用价值的稻谷粒   B. 砂石
   C. 小麦   D. 其他有机物质

四、判断题

1. 出糙率是指净稻谷脱壳后的糙米，占试样质量的百分率（其中不完善粒折半计算）。（   ）

2. 稻谷不完善粒是指未成熟或受到损伤，但尚有使用价值的稻谷颗粒，包括未熟粒、虫蚀粒、病斑粒、生芽粒和生霉粒。（   ）

3. 稻谷筛下物是指通过直径为 2.0 mm 圆孔筛的物质。（   ）

任务五　凭感官判定小麦(玉米)堆积密度

情景描述

　　2023 年 7 月，河南省开封市某粮食购销公司到某镇收购小麦，其收购的是当年刚刚收获的新小麦。堆积密度是小麦分级定等的指标，检验员朱某凭借丰富的实践经验，通过眼看、手抓和牙咬等，很快凭感官完成了小麦堆积密度的判定。请掌握凭感官判定小麦及玉米堆积密度的方法。

学习目标

➤ **知识目标**
掌握小麦、玉米的质量标准及相关名词术语的定义。

➤ **能力目标**
能凭感官判定小麦、玉米的堆积密度。

➤ **素养目标**
(1)培养学生的粮食安全意识和爱粮爱国情怀。
(2)加强学生对优质粮食工程、粮食质量安全的理解和认识。

任务资讯

知识点一　小麦质量标准(GB 1351—2023)

各类小麦按堆积密度分等，以 3 等为中等标准，低于 5 等的为等外小麦，见表 2-1-17。

表 2-1-17 小麦质量要求

等级	堆积密度/(g·L⁻¹)	不完善粒/%	杂质/%		水分/%	色泽、气味
			总量	其中：无机杂质		
1	≥790	≤6.0	≤1.0	≤0.5	≤12.5	正常
2	≥770					
3	≥750	≤8.0				
4	≥730					
5	≥710	≤10.0				
等外	<710	—				
注："—"不作要求						

注：水分含量高于本表规定小麦的收购，按国家有关规定执行。

　　小麦赤霉病粒最高允许含量为 4.0%，单立赤霉病项目按不完善粒归属。赤霉病粒含量超过 4.0% 的是否收购，由省、自治区、直辖市规定。收购超过规定的赤霉病麦，应就地妥善处理。

　　黑胚小麦，由省、自治区、直辖市规定是否收购或收购限量。收购的黑胚小麦就地处理。卫生检验和植物检疫按照国家有关标准和规定执行。

知识点二　小麦质量标准中相关名词术语的定义

　　(1)堆积密度：堆积密度是指小麦籽粒在单位容积内的质量，以克/升(g/L)表示。

　　(2)不完善粒：不完善粒是指受到损伤但尚有使用价值的颗粒，包括以下几种。

　　①虫蚀粒：被虫蛀蚀，伤及胚或胚乳的颗粒。

　　②病斑粒：粒面带有病斑，伤及胚或胚乳的颗粒。其中，黑胚粒是指籽粒胚部呈深褐色或黑色，并伤及胚或胚乳的颗粒；赤霉病粒是指籽粒皱缩，呆白，有的粒面呈紫色或有明显粉红色霉状物，间有黑色子囊壳。

　　③破损粒：压扁、破损，伤及胚或胚乳的颗粒。

　　④生芽粒：芽或幼根虽未突破种皮但胚部种皮已破裂，或芽或幼根突破种皮但不超过本颗粒长度的颗粒。

　　⑤生霉粒：粒面生霉的颗粒。

　　(3)杂质：杂质主要包括以下几种。

　　①筛下物：通过直径为 1.5 mm 圆孔筛的物质。

　　②无机杂质：砂石、煤渣、砖瓦块、泥土及其他无机类物质。

　　③其他杂质：无使用价值的小麦粒、异种粮粒及其他有机类物质。

　　注：常见无使用价值的小麦有生芽粒中芽超过本颗粒长度的小麦、霉变小麦、线虫病小麦、腥黑穗病小麦等麦粒。

　　(4)水分：粮油中所含水的质量占食品总质量的百分率。水在粮油中的存在形式分为游离水和结合水。

　　(5)色泽、气味：是指小麦籽粒固有的颜色、光泽和气味。

知识点三　凭感官判定小麦堆积密度的方法

（1）触觉检验。用手抓一把小麦，掂其分量，感觉光滑、沉重有分量，说明堆积密度较大，反之则较小。

（2）视觉检验。一看色泽：不成熟的粮粒粒面生皱而颜色呆白，光泽不好或无光泽，堆积密度低。二看粒形：粒大、饱满而匀称的粮油堆积密度大。三看不完善粒含量：如果不完善粒比例小，则堆积密度较大。四看质地：随机取粮油籽粒数粒，用刀片将粮粒横向

《粮油检验 容重测定》
（GB/T 5498—2013）

切断，看质地结构，估算硬质粮粒比例。若硬质粮粒质地紧密，则堆积密度大；若软质粮粒质地疏松，则硬度小、堆积密度小。

（3）齿觉检验。随机取粮粒数粒，用门牙将其咬断，依据咬断时所用的力度和产生的响声，判定粮油的水分含量和质地软硬。水分含量较低的粮油，堆积密度较大；质地坚硬的粮油，堆积密度较大。

知识点四　玉米质量标准(GB 1353—2018)

各类玉米按堆积密度分等，以 3 等为中等标准，低于 5 等的为等外玉米，见表 2-1-18。

表 2-1-18　玉米质量指标

等级	堆积密度/(g·L⁻¹)	不完善粒/%	生霉粒含量/%	杂质含量/%	水分含量/%	色泽、气味
1	≥720	≤4.0				
2	≥690	≤6.0				
3	≥660	≤8.0	≤2.0	≤1.0	≤14.0	正常
4	≥630	≤10.0				
5	≥600	≤15.0				
等外	＜600	—				
注："—"为不要求						

知识点五　玉米质量标准中相关名词术语的定义

（1）堆积密度：按规定方法测得单位容积内玉米籽粒的质量。单位以 g/L 表示。

（2）不完善粒：有缺陷或受到损伤但尚有使用价值的玉米颗粒，包括虫蚀粒、病斑粒、破碎粒、生芽粒、生霉粒和热损伤粒。

《玉米》(GB 1353
—2018)

①虫蚀粒：被虫蛀蚀，并形成蛀孔或隧道的颗粒。

②病斑粒：粒面带有病斑，伤及胚或胚乳的颗粒。

③破碎粒：籽粒破碎达本颗粒体积五分之一（含）以上的颗粒。

④生芽粒：芽或幼根突破表皮，或芽或幼根虽未突破表皮但胚部已破裂或明显隆起，有生芽痕迹的颗粒。

⑤生霉粒：粒面生霉的颗粒。

（3）热损伤粒：发热或干燥受热后，籽粒显著变色或受到损伤的颗粒，包括自然热损伤粒和烘干热损伤粒。

①自然热损伤粒：储存期间因过度呼吸，胚部或胚乳显著变色的颗粒。

②烘干热损伤粒：加热烘干时引起的表皮或胚或胚乳显著变色，籽粒变形或膨胀隆起的颗粒。

（4）杂质：除玉米粒外的其他物质及无使用价值的玉米粒，包括以下几种。

①筛下物：通过直径为 3.0 mm 圆孔筛的物质。

②无机杂质：泥土、砂石、砖瓦块及其他无机物质。

③有机杂质：无使用价值的玉米粒、异种粮粒及其他有机物质。

④色泽、气味：一批玉米固有的综合颜色、光泽和气味。

任务演练

子任务一　凭感官判定小麦堆积密度

 工作任务

针对给定的小麦样品，通过触觉、视觉、齿觉等辅助判定其堆积密度，并规范填写小麦堆积密度记录表。

任务实施

一、任务分析

凭感官判定小麦堆积密度需要明确以下问题：

（1）小麦质量标准（GB 1351—2023）。

（2）小麦质量标准中相关名词术语的定义。

（3）凭感官判定小麦堆积密度的方法。

二、器材准备

小麦样品 1、小麦样品 2、小麦样品 3、样品盘、样品刀、白瓷盘、镊子、工作服和记录笔等。

三、操作步骤

（1）在散射光线下，检查并拌匀小麦样品。

（2）触觉检验。手抓一把小麦，掂其分量，判定其堆积密度。

（3）视觉检验。观察小麦色泽、粒形、不完善粒含量、质地等，判定其堆积密度。

（4）齿觉检验。随机咬断数粒小麦，依据咬断时所用的力度和产生的响声，判定其水分含量和质地软硬，辅助判定其堆积密度。

（5）将凭感官判定的结果填写在记录表中。

视频：凭感官判定
小麦堆积密度

四、注意事项

(1)触觉检验、视觉检验、齿觉检验应组合使用，提高判断小麦堆积密度的准确性。

(2)凭感官判定小麦堆积密度要经常与容重器测定结果对照、调整，提高凭感官判定的准确程度。

(3)凭感官判定小麦堆积密度时，要集中精力，不能分散注意力。

 报告填写

填写凭感官判定小麦堆积密度记录表，见表 2-1-19。

表 2-1-19　凭感官判定小麦堆积密度记录表

检测人：　　　　　　　　　　　　　　　　　　　　　　　　　　检测时间：

样品编号	小麦堆积密度判定结果	小麦等级判定	备注
1			
2			
3			

 任务评价

按照表 2-1-20 评价学生工作任务完成情况。

表 2-1-20　凭感官判定小麦堆积密度评价表

班级：　　　　　　　姓名：　　　　　　　学号：　　　　　　　成绩：

试题名称				凭感官判定小麦堆积密度	考核时间：20 min		
序号	考核内容	考核要点	配分	评分标准	扣分	得分	备注
1	准备工作	安全防护	2	未穿工作服，扣 2 分			
2	操作前提	检查混匀样品	8	未检查样品，扣 4 分			
				未混匀样品，扣 4 分			
3	操作过程	动作熟练，操作正确	20	动作生疏、不协调，扣 5 分			
				样品抛撒超过 1/10，扣 5 分			
				操作方法错误，扣 5 分			
				未用刀片切开小麦观察，扣 5 分			
4	结果判定	小麦样品 1	20	每个判定结果与预先检测结果对照，误差≤±10 g/L，不扣分；误差为±(10～20 g/L)，扣 5 分；误差为±(20～40 g/L)，扣 10 分；误差>±40 g/L，不得分			
		小麦样品 2	20				
		小麦样品 3	20				
		小麦等级判定	6	每 1 个样品等级判定错误扣 2 分，扣完为止			
5	使用工具	熟练规范使用仪器设备	4	工具使用不熟练，扣 2 分			
		工具使用维护		未对样品台面进行清理，扣 2 分			

续表

试题名称		凭感官判定小麦堆积密度			考核时间：20 min		
序号	考核内容	考核要点	配分	评分标准	扣分	得分	备注
6	安全及其他	按国家法规或企业规定	—	违规停止操作	—		
		在规定时间内完成操作		超时停止操作	—		
	合计		100	总得分			

否定项说明：样品抛洒超过 1/3□；严重违规操作□；发生事故□

子任务二　凭感官判定玉米堆积密度

 工作任务

针对给定的玉米样品，通过触觉、视觉、齿觉等辅助判定其堆积密度，并规范填写玉米堆积密度记录表。

 任务实施

一、任务分析

凭感官判定玉米堆积密度需要明确以下问题。

(1)玉米质量标准(GB 1353—2018)。

(2)玉米质量标准中相关名词术语的定义。

二、器材准备

玉米样品 1、玉米样品 2、玉米样品 3、样品盘、镊子、工作服和记录笔等。

三、操作步骤

(1)在散射光线下，检查并拌匀玉米样品。

(2)触觉检验。手抓一把玉米，掂其分量，判定其堆积密度。

(3)视觉检验。观察玉米色泽、粒形、不完善粒含量、质地等，判定其堆积密度。

(4)齿觉检验。随机咬断数粒玉米，依据咬断时所用的力度和产生的响声，判定其水分含量和质地软硬，辅助判定其堆积密度。

(5)将判定的结果填写在记录表中。

四、注意事项

(1)水分含量高的玉米，因其干物质含量相对降低，同时玉米粒体积膨胀，所以相同的玉米，水分含量高的比水分含量低的堆积密度小。

(2)角质胚乳比例大，结构紧密，堆积密度也较大。

(3)成熟充分、发育良好的饱满颗粒比皱瘪；成熟差的玉米堆积密度大。

(4)完好的玉米比受病害、霉变和虫蚀的堆积密度大，完好的玉米，其籽粒及内部组成成分完整，堆积密度较大；籽粒受病害、霉变、热伤和虫蚀等损伤，势必消耗了籽粒内

视频：凭感官判定
玉米堆积密度

的干物质成分，使其组织疏松，减小了玉米的堆积密度。

（5）用已知堆积密度的玉米，通过眼看、手测，记忆品种和质量不同及堆积密度不同的玉米在手上的感觉，反复练习并与结果核对比较。凭感官判定玉米堆积密度要经常与容重器测定对照、调整，提高凭感官判定的准确程度。

（6）经过验证，对玉米堆积密度估测影响的因素有水分含量、杂质含量、不同品种及颗粒饱满程度等。

 报告填写

填写凭感官判定玉米堆积密度记录表，见表 2-1-21。

表 2-1-21　凭感官判定玉米堆积密度记录表

检测人：　　　　　　　　　　　　　　　　　　　　　　　　检测时间：

样品编号	玉米堆积密度判定结果	玉米等级判定	备注
1			
2			
3			

 任务评价

按照表 2-1-22，评价学生工作任务完成情况。

表 2-1-22　凭感官判定玉米堆积密度评价表

班级：　　　　　　姓名：　　　　　　学号：　　　　　　成绩：

试题名称			凭感官判定玉米堆积密度		考核时间：20 min		
序号	考核内容	考核要点	配分	评分标准	扣分	得分	备注
1	准备工作	安全防护	2	未穿工作服，扣2分			
2	操作前提	检查混匀样品	8	未检查样品，扣4分			
				未混匀样品，扣4分			
3	操作过程	动作熟练，操作正确	20	动作生疏、不协调，扣5分			
				样品抛撒超过1/10，扣10分			
				操作方法错误，扣5分			
4	结果判定	玉米样品1	20	每个判定结果与预先检测结果对照，误差≤±15 g/L，不扣分；误差为±（15～30 g/L），扣5分；误差为±（30～60 g/L），扣10分；误差>±60 g/L不得分			
		玉米样品2	20				
		玉米样品3	20				
		玉米等级判定	6	每1个样品等级判定错误扣2分，扣完为止			
5	使用工具	熟练规范使用仪器设备	4	仪器设备使用不熟练，扣2分			
		工具使用维护		未对样品台面进行清理，扣2分			

续表

试题名称			凭感官判定玉米堆积密度			考核时间：20 min		
序号	考核内容	考核要点	配分	评分标准		扣分	得分	备注
6	安全及其他	按国家法规或企业规定	—	违规停止操作		—		
		在规定时间内完成操作		超时停止操作		—		
合计			100	总得分				

否定项说明：样品抛洒超过 1/3□；严重违规操作□；发生事故□

巩 固 练 习

一、填空题

1. 各类小麦按_____分等，以_____等为中等标准，低于 5 等的为等外小麦。中等小麦的堆积密度为_____ g/L，不完善粒≤8.0，杂质≤1.0，水分≤12.5，色泽、气味正常。

2. 不完善粒是指受到损伤但尚有使用价值的颗粒，小麦包括以下几种：虫蚀粒、病斑粒、_____、_____、_____。

3. 各类玉米按_____分等，以_____等为中等标准，低于 5 等的为等外玉米。中等玉米的堆积密度为_____ g/L，不完善粒≤8.0，杂质≤1.0，水分≤14.0，色泽、气味正常。

4. 玉米不完善粒是指_____或受到损伤但尚有使用价值的玉米颗粒，包括虫蚀粒、病斑粒、破碎粒、生芽粒、_____和_____。

二、单选题

1. 小麦不完善粒是指受到损伤但尚有使用价值的颗粒，不包括（　　）。
   A. 病斑粒　　　　　B. 虫蚀粒　　　　　C. 未熟粒　　　　　D. 破损粒

2. 小麦杂质中的筛下物是指通过直径为（　　）mm 圆孔筛的物质。
   A. 5.0　　　　　　B. 3.0　　　　　　C. 2.0　　　　　　D. 1.5

3. 玉米不完善粒是指有缺陷或受到损伤但尚有使用价值的玉米颗粒，不包括（　　）。
   A. 生芽粒　　　　　B. 生霉粒　　　　　C. 未熟粒　　　　　D. 热损伤粒

4. 玉米热损伤粒是指（　　）或干燥受热后籽粒显著变色或受到损伤的颗粒，包括自然热损伤粒和烘干热损伤粒。
   A. 储存较长时间　　B. 机械通风　　　　C. 降温降水　　　　D. 发热

三、多选题

1. 小麦不完善粒是指受到损伤但尚有使用价值的颗粒，包括（　　）。
   A. 虫蚀粒　　　　　B. 病斑粒　　　　　C. 破损粒　　　　　D. 生芽粒

2. 小麦病斑粒是指粒面带有病斑，伤及胚或胚乳的颗粒，其中（　　）。
   A. 黑胚粒是指籽粒胚部呈深褐色或黑色并伤及胚或胚乳的颗粒
   B. 黑胚粒是指籽粒胚部呈深褐色或粉红色但没有伤及胚乳的颗粒

C. 赤霉病粒是指籽粒皱缩呆白，有的粒面呈紫色或有明显粉红色霉状物，间有黑色子囊壳

D. 赤霉病粒是指籽粒皱缩呆白，有的粒面呈黑色或有明显深褐色霉状物，间有粉红色子囊壳

3. 玉米热损伤粒是指发热或干燥受热后，籽粒显著变色或受到损伤的颗粒，包括（　　）。

　　A. 冻伤粒　　　　B. 烘干热损伤粒　　C. 自然热损伤粒　　D. 爆裂粒

四、判断题

1. 小麦黑胚粒是指籽粒胚部呈深褐色或黑色并伤及胚或胚乳的颗粒。（　　）

2. 小麦赤霉病粒最高允许含量为 4.0%，单立赤霉病项目，按不完善粒归属。（　　）

3. 玉米病斑粒是指粒面带有病斑，伤及表皮的颗粒。（　　）

任务六　凭感官判定粮油的色泽、气味

情景描述 📽️

　　2023 年 12 月，山东省某粮油有限公司对刚收购的、新收获的花生进行压榨制油，检验员孙某凭借丰富的实践经验，通过眼看、嗅辨等方法，很快凭感官完成了花生油的色泽、气味的判定。请掌握凭感官判定粮油的色泽、气味的方法。

学习目标 🎯

➤ **知识目标**
掌握凭感官判定粮油的色泽、气味的方法。

➤ **能力目标**
能凭感官判定粮油的色泽和气味。

➤ **素养目标**
培养学生具体问题具体分析的意识，提高学生综合分析和判断的能力，塑造学生精益求精的工匠精神。

任务资讯 📽️

知识点一　粮油色泽判定

　　色泽指的是粮油的颜色和光泽。不同的粮油品种都有其固有的色泽，对于某一品种粮油，如果其色泽已发生变化，则可以认为其品质也已发生变化。判定粮油的色泽时，不要在阳光直射下进行，一定要在散射光线下进行，用肉眼判定其颜色和光泽是否正常。经过水浸、生霉、生虫和发热的粮油，其固有的粒色和光泽随受害程度的大小而改变。粒色正

常的油料籽粒，光泽强的含油量较高。

知识点二　粮油气味判定

不同的粮油品种都有其固有的气味，对于某一品种粮油，如果有其他异味存在，则可以认为其品质已发生变化。粮油气味的判定必须在清洁空气条件下进行，取少量试样直接嗅辨其气味是否正常。必要时可将试样加温来判定气味。

若谷类、豆类、油料及其加工成品均具有其固有的色泽、气味，则检验结果以"正常"字样表示。若其固有的色泽、气味已改变（包括感染外来的有害物质），则检验结果以"不正常"字样表示。对不正常的色泽、气味，应按实际情况加以注明。

任务演练

凭感官判定粮油的色泽、气味

 工作任务

针对给定的油脂样品，凭感官判定其色泽和气味，并规范填写记录表。

 任务实施

一、任务分析

凭感官判定粮油的色泽、气味需要明确以下问题。
(1)粮油色泽的判定方法。
(2)粮油气味的判定方法。

二、器材准备

稻谷样品 1、小麦样品 2、玉米样品 3、样品罐、带盖小搪瓷杯、水浴锅、小电炉、工作服和记录笔等。

三、操作步骤

(1)凭感官判定粮油的色泽。在散射光线下，检查并拌匀样品，用肉眼判定样品的颜色和光泽是否正常。

(2)凭感官判定粮油的气味。用鼻子闻嗅样品，判定其是否具有本品种粮油固有的气味，一般采用以下方法。

①取少量粮油试样，放在手掌中用哈气或摩擦的方法，提高样品的温度后，立即嗅辨其气味是否正常。

②对气味不易判定的样品，可放入广口瓶中，塞上瓶塞，在 $60\sim70\ ℃$ 的条件下进行温水浴。颗粒状样品保温 $8\sim10\ min$ 后取出，粉状样品保温 $3\sim5\ min$ 后取出，开盖嗅辨其气味是否正常。

(3)将凭感官判定结果填写在记录表中。

《粮油检验 粮食、油料的色泽、气味、口味鉴定》

(GB/T 5492—2008)

四、注意事项

(1)在凭感官判定粮油的气味时，检验场所不应该有任何散发异味的物品，如烟味、臭味、香味、霉味和陈宿味等,必须保持检验场所空气清新。

(2)判定场所要有足够的光线强度,室内色彩柔和,避免强对比色,附近不能有红、黄、绿三种色调存在。实验室窗户要安装白玻璃,不能安装蓝色玻璃和茶色玻璃,以免干扰色泽的判定。

(3)凭感官判定粮油的色泽时,应避免在日出前和日落后进行,也不能在直射光线下进行。

(4)如因判定工作时间过长而使感官迟钝,可稍加休息,解除感官疲劳后再进行判定。

(5)工作人员在感官判定操作前不允许抽烟、喝酒。

 报告填写

视频:凭感官判定粮油的色泽、气味

填写凭感官判定储存粮油色泽、气味记录表,见表2-1-23。

表2-1-23　凭感官判定储存粮油色泽、气味记录表

检测人:　　　　　　　　　　　　　　　　　　　　　　　检测时间:

粮油品种及编号	色泽判定结果	气味判定结果
1		
2		
3		

 任务评价

按照表2-1-24评价学生工作任务完成情况。

表2-1-24　凭感官判定粮油的色泽、气味评价表

班级:　　　　　　　姓名:　　　　　　　学号:　　　　　　　成绩:

试题名称		凭感官判定粮油的色泽、气味			考核时间:15 min		
序号	考核内容	考核要点	配分	评分标准	扣分	得分	备注
1	准备工作	检查样品	10	未检查样品,扣10分			
2	操作前提	无	0	—			
3	操作过程	混匀样品	5	未混匀样品,扣5分			
		采用鼻闻、眼看等方法感官检验判断	15	操作方法不正确,每个样品扣5分			
4	操作结果	粮食样品1	20	每个样品的色泽判断不正确的扣10分,气味判断不正确的扣10分			
		粮食样品2	20				
		粮食样品3	20				
5	使用工具	整理样品与工作台面	5	检验结束后,未对样品、台面进行清理,工作台面杂乱无章,扣5分			
6	安全及其他	在规定时间内完成操作	5	超时停止操作			
	合计		100				
否定项说明:样品抛撒超1/3□;损坏仪器□;违章操作□;发生事故□							

巩固练习

一、填空题

1. 不同的粮油品种都有其固有的色泽,对于某一品种粮油,如果色泽已发生变化,则可以认为其_____也已发生变化。

2. 粮油色泽的判定不要在太阳光直射下进行,一定要在_____下用肉眼判定其颜色和光泽是否正常。

3. 若谷类、豆类、油料及其加工成品,均具有其固有的色泽、气味,则检验结果以"_____"字样表示。

二、单选题

1. 下列( )条件满足凭感官判定粮油的色泽、气味要求。

  A. 检验场所有异味　　　　　　　B. 检验场所内光线强烈且直射

  C. 不能在日出前和日落后进行检验　　D. 工作时间过长而使感官迟钝

2. 下列描述可以判定粮油的色泽、气味不正常的是( )。

  A. 光泽强烈　　　B. 粒色正常　　　C. 小麦固有的气味　　D. 大豆的酸味

三、多选题

下列条件满足凭感官判定粮油的色泽、气味要求的有( )。

  A. 在散射光线下进行检验

  B. 检验场所的窗户安装了蓝色玻璃

  C. 工作人员在判定前有抽烟喝酒等行为

  D. 检验场所无异味,空气清新

四、判断题

1. 凭感官判定粮油的色泽需在散射光线下进行。 ( )

2. 凭感官判定粮油的气味时,可将粮油放在手掌中用哈气或摩擦的方法,提高样品的温度后,再嗅辨其气味是否正常。 ( )

3. 若粮油固有的色泽、气味已改变,则检验结果以"变质"字样表示。 ( )

任务七　凭感官判定大豆完整粒率

情景描述

2023年10月,山东省某粮油有限公司到临沂市莒南县某镇收购了一批新收获的大豆,准备用于制备大豆油,在收购现场,检验员孙某凭借丰富的实践经验,很快地凭感官完成了大豆完整粒率的判定。请掌握凭感官判定大豆完整粒率的方法。

学习目标

➤ **知识目标**

掌握大豆的质量指标及相关名词术语的定义。

➤ **能力目标**

能凭感官判定大豆完整粒率。

➤ **素养目标**

(1)培养学生粮食安全意识和爱粮爱国的情怀。

(2)加强学生对优质粮食工程、粮食质量安全的理解和认识。

任务资讯

知识点一　大豆的质量指标(GB 1352—2023)

大豆的质量指标见表 2-1-25～表 2-1-27。

表 2-1-25　大豆的质量指标　　　　　%

等级	完整粒率	损伤粒率		杂质含量	水分含量	色泽、气味
		合计	其中：热损伤粒率			
1	≥95.0	≤4.0	≤0.2	≤1.0	≤13.0	正常
2	≥90.0	≤6.0	≤0.2			
3	≥85.0	≤8.0	≤0.5			
4	≥80.0	≤10.0	≤1.0			
5	≥75.0	≤12.0	≤3.0			
6	<75.0	—	—			
注："—"为不要求						

表 2-1-26　高油大豆的质量指标　　　　　%

等级	脂肪含量	完整粒率	损伤粒率		杂质含量	水分含量	色泽、气味
			合计	其中：热损伤粒率			
1	≥22.0	≥85.0	≤8.0	≤0.5	≤1.0	≤13.0	正常
2	≥21.0						
3	≥20.0						

表 2-1-27　高蛋白质大豆的质量指标　　　　　%

等级	蛋白质含量	完整粒率	损伤粒率		杂质含量	水分含量	色泽、气味
			合计	其中：热损伤粒率			
1	≥44.0	≥85.0	≤8.0	≤0.5	≤1.0	≤13.0	正常
2	≥42.0						
3	≥40.0						

知识点二　大豆质量指标中相关名词术语的定义

(1)完整粒：色泽正常、籽粒完好的颗粒。

(2)未熟粒：籽粒不饱满，瘪缩达粒面 1/2 及以上，或子叶青色部分达 1/2 及以上(青仁大豆除外)的、与正常粒显著不同的颗粒。

(3)破碎粒：子叶破碎达本颗粒 1/4 及以上的颗粒。

(4)损伤粒：受到虫蚀、细菌损伤、霉菌损伤、生芽、冻伤、热损伤或其他原因损伤的大豆颗粒。

①虫蚀粒：被虫蛀蚀、伤及子叶的颗粒。

②病斑粒：粒面带有病斑、伤及子叶的颗粒。

③生霉粒：籽粒生霉的颗粒。

④生芽、涨大粒：芽或幼根突破种皮，或吸湿涨大未复原的颗粒。

⑤冻伤粒：受冰冻伤害、籽粒透明，或子叶僵硬呈暗绿色的颗粒。

⑥热损伤粒：受热而引起子叶显著变色和损伤的颗粒。

(5)杂质：通过规定筛层和经筛理后仍在样品中的非大豆类物质，主要包括以下几种。

①筛下物：通过直径为 3.0 mm 圆孔筛的物质。

②无机杂质：泥土、砂石、砖瓦块及其他无机物质。

③有机杂质：无使用价值的大豆粒、异种粮粒及其他有机物质。

(6)色泽、气味：一批大豆固有的综合颜色、光泽和气味。

(7)完整粒率：完整粒占试样的质量分数。

(8)损伤粒率：损伤粒占试样的质量分数。

(9)热损伤粒率：热损伤粒占试样的质量分数。

凭感官判定大豆完整粒率

工作任务

针对给定的大豆样品，凭感官判定其完整粒率，并规范填写凭感官判定大豆完整粒率记录表。

任务实施

一、任务分析

凭感官判定大豆完整粒率需要明确以下问题。

(1)大豆的质量指标(GB 1352—2023)。

(2)大豆质量指标中相关名词术语的定义。

二、器材准备

大豆样品 1、大豆样品 2、白瓷盘、工作服和记录笔等。

三、操作步骤

(1)将试样置于散射光线下，检查并拌匀大豆样品。

（2）随机数出大豆约 100 粒，拣出杂质、损伤粒、未熟粒和破碎粒，折算出它们相当于完整大豆的个数，估算出大豆完整粒率。

（3）将凭感官判定的大豆完整粒率结果记录在记录表中。

四、注意事项

（1）感官判定结果应与仪器检测结果多次对照、调整，以提高判定的准确程度。

（2）凭感官判定大豆完整粒率时，要集中精力，不能分散注意力。

（3）损伤粒是指受到虫蚀、细菌损伤、霉菌损伤、生芽、冻伤、热损伤或其他原因损伤的大豆颗粒；未熟粒是籽粒不饱满、瘪缩达粒面 1/2 及以上，或子叶青色部分达 1/2 及以上（青仁大豆除外）的、与正常粒显著不同的颗粒；破碎粒是指子叶破碎达本颗粒 1/4 及以上的颗粒。

人格的力量
——刘恩友
同志先进事迹

视频：凭感官判定
大豆完整粒率

 报告填写

填写凭感官判定大豆完整粒率记录表，见表 2-1-28。

表 2-1-28　凭感官判定大豆完整粒率记录表

检测人：　　　　　　　　　　　　　　　　　　　　　　　检测时间：

样品判定	总粒数	不完善粒折算粒数	大豆完整粒率/%	等级
第 1 次				—
第 2 次				—
平均值				

 任务评价

按照表 2-1-29 评价学生工作任务完成情况。

表 2-1-29　凭感官判定大豆完整粒率评价表

班级：　　　　　姓名：　　　　　学号：　　　　　成绩：

试题名称		凭感官判定大豆完整粒率			考核时间：20 min		
序号	考核内容	考核要点	配分	评分标准	扣分	得分	备注
1	准备工作	安全防护	5	未穿工作服，扣 2 分			
		清洁工作台面及样品准备		工作台面不清洁，样品摆放不整齐，扣 3 分			
2	操作前提	掌握大豆完整粒率的判定方法	5	口述凭感官判定大豆完整粒率的方法，错误扣 5 分，不全面扣 3 分			
3	操作过程	凭感官判定大豆完整粒率操作规范	40	未检查并拌匀样品，扣 5 分			
				不挑选取出约 100 粒大豆进行感官判定，误差≤±10 粒，不扣分；误差>±10 粒，扣 5 分			
				未挑选杂质，扣 10 分，挑选不准确，扣 5 分			

续表

试题名称			凭感官判定大豆完整粒率		考核时间：20 min		
序号	考核内容	考核要点	配分	评分标准	扣分	得分	备注
3	操作过程	凭感官判定大豆完整粒率操作规范	40	未挑选损伤粒、未熟粒、破碎粒，扣 10 分，挑选不准确，扣 5 分			
				未做重复试验，扣 10 分，操作不规范、不全面，扣 5 分			
4	操作结果	判定结果准确、表格填写规范	30	判定结果与预先检测结果对照，误差≤±2.5%，不扣分；误差为±(2.5%～5.0%)，扣 10 分；误差为±(5.0%～10.0%)，扣 20 分；误差>±10.0%，不得分			
			15	记录表未填写、填写错误或有涂改每 1 处扣 2 分，扣完为止			
5	使用工具	熟练规范使用仪器设备	5	仪器设备使用不规范、不熟练，扣 2 分			
		仪器设备使用维护		样品未归位，台面未清理，扣 3 分			
6	安全及其他	按国家法规或有关安全规定操作	—	违规停止操作			
		在规定时间内完成操作		超时停止操作			
合计			100	总得分			

否定项说明：样品抛洒超过 1/3□；严重违规操作□；发生事故□

巩固练习

一、填空题

1. 普通大豆按_____定等，3 等为中等，完整粒率低于最低等级规定的，应作为等外级。

2. 高蛋白质大豆按_____定等，2 等为中等，粗蛋白质含量低于最低等级规定的，不应作为高蛋白质大豆。

3. 大豆损伤粒是指受到严重摩擦损伤、_____、细菌损伤、霉菌损伤、生芽、热损伤或其他原因损伤的大豆颗粒。

二、单选题

1. 高油大豆按(   )定等，2 等为中等，粗脂肪含量低于最低等级规定的，不应作为高油大豆。

    A. 粗脂肪含量　　　B. 粗蛋白质含量　　C. 完整粒率　　　　D. 损伤粒率

2. 大豆未熟粒是指籽粒不饱满，瘪缩占粒面(   )的、与正常粒显著不同的颗粒。

    A. 1/4　　　　　　B. 1/3　　　　　　C. 1/2　　　　　　D. 2/3

3. 大豆完整粒率是指完整粒占试样的(　　　)。

    A. 体积分数　　　　　B. 质量分数　　　　　C. 比重分数　　　　　D. 浓度分数

三、判断题

1. 普通大豆按完整粒率定等，2 等为中等，完整粒率低于最低等级规定的，应作为等外级。(　　　)

2. 大豆未熟粒是指籽粒不饱满，瘪缩占粒面 1/3 及以上，或子叶青色部分达 1/3 及以上(青仁大豆除外)的、与正常粒显著不同的颗粒。(　　　)

3. 大豆完整粒率是指完整粒占试样的体积分数。(　　　)

【视野窗】

"储粮巾帼"用精湛的质检技术守护"舌尖上的安全"
中央储备粮渭南高田直属库有限公司

"有一批小麦需要验收检验，大家赶紧准备!"

"好，我去接收样品!"

"我来检测质量指标，准备各检测项目制备样!"

"我去配试剂，准备品质指标检测!"

"我去预热设备，准备食品安全指标检测!"

在这间不大的实验室里，摆满了各式各样的检化验仪器，中储粮西安分公司陕西质检中心李改婵总工程师及她的质检团队穿梭其间，她们闻令而动、雷厉风行，用精湛的质检技术守护舌尖上的安全，用兢兢业业的奉献精神为中储粮事业贡献力量。

初入粮仓
"这些都是我的本职工作，做好是应该的"

2001 年，刚大学毕业的李改婵怀揣梦想进入中储粮延安直属库工作。延安直属库地处四面环山的偏僻小山村，交通不便，生活物资匮乏，面对听不懂的方言和单一枯燥的工作内容，李改婵犹豫、彷徨过，甚至一度想过放弃。那时，正值粮食压仓入库高峰期，受到暴雨影响，20 多节火车皮的粮食同时到库，就算装卸工一刻不停，在规定的 48 h 内也无法完成接卸任务。情急之下大家纷纷放下手中的工作，义无反顾地加急卸粮到深夜。李改婵看到大家浑身是土、满身疲惫却精神奕奕的劲头；看到大家穿梭在风雨中为入库的粮食盖篷布、衣服湿透，脸上却挂满笑容，瞬间就被感动了，发自内心地对储粮事业由陌生转为热爱，不自觉地便融入中储粮这个大家庭。在之后的日子里她和大家一起爬粮垛、盖篷布、灌粮包、抬麻袋，即使手上磨出水泡，腿像灌铅般抬不起来，也从未退却。同事们劝她歇一歇，她总是微笑着说"这些都是我的本职工作，做好是应该的"，再苦再累她都坚持和大家一起干。

2003 年分公司推进直属库实验室规范化建设，申报计量认证，建立全面质量管理体系。单位让李改婵负责实验室质量体系文件编写及认证前期的准备工作，这对初入职场的她来说是一个不小的挑战。编写《质量手册》《程序文件》《作业指导书》等质量体系文件时，要制作大量的表格流程图，对于不熟悉计算机的李改婵来说是非常大的困难，那段时间里她满脑子都是表格，边学习、边琢磨、边实践。功夫不负有心人，经过一个多月的起早贪黑，李改婵顺利完成了 10 万多字的质量体系文件编写。2004 年年初，延安直属库实验室一次性通过了陕西省计量认证专家现场考核，顺利取得"省级计量认证资格证书"，李改婵的工作也得到了省计量认证专家的一致认可和好评。

2008年，李改婵走上管理岗位，担任延安直属库仓储管理科副科长。她每天和大家一起巡仓、测温、检查粮情，特别是要在下班前巡查一次库区，确认无作业的机械电气设备都归位、仓房门窗都关闭后才离开，这已经成了她每天的习惯。她说："我把粮库当成家，只有这样才会觉得踏实和满足。"

粮食安全
"要用'严、实、细'态度对待质检工作"

惟其艰难方显勇毅。李改婵对待质检工作的态度可以用三个字概括，那就是"严、实、细"，她忠于国家粮食安全、忠于国家标准规定、忠于真实检验结果，坚持原则、客观公正。

2015年，李改婵调入新组建的西安分公司质监中心（中储粮陕西质检中心有限公司前身）担任检验业务部门负责人。在集中轮换验收期，为了尽快完成检验任务，李改婵带领她的团队成员并肩作战，在实验室一待就是一整天，每天平均检测不完善粒样品达50多份，相当于7万多粒、近3吨的粮食籽粒要经过她们一粒一粒检验后，才能判定是否能够入库，每年有100多万吨的粮食要经过她们的双手检验"过关"合格后，才能储存。长时间、高强度的工作让李改婵和同事们颈椎发僵、眼睛肿胀、胳膊酸疼，但是再忙再累，她们都严格执行标准流程和方法，科学严谨地检验每一份样品，慎重对待每一个检验数据，用自己的双手确保粮食数量真实、质量良好。

攻坚克难
"困难面前不应该畏惧，而是想办法解决"

李改婵一直坚信一个道理，"一人难挑千金担，众人能移万座山"。李改婵带头在辖区开展"技能大练兵"，组织大家围绕基础知识、规章制度、法律法规、粮油检验项目扎实开展内部练兵，多次与行业内外的检验机构沟通学习，与系统内兄弟单位进行实验室间的业务交流，以学促行，以行践知，提升检化验技能。抓住辖区春秋季质量会检、收购质量巡查现场比对、关键技术集中培训等机会，李改婵主动为辖区检验员培训授课，分享自己的专业技能和工作感悟，在辖区营造"比学赶超"的良好氛围。李改婵还牵头组织修订了《实验室管理》《作业指导书》等质量体系文件，确保顺利通过中储粮集团公司实验室验收及陕西省检验检测机构实验室资质认定、扩项、复评审等多次现场考核。

2017年7月，经过多年的磨砺，李改婵及她带领的团队获得了中央企业、中储粮集团公司"青年文明号"称号，并且以她个人名字命名的"李改婵技能拔尖人才工作室"被选为中储粮集团公司首批十个技能拔尖人才工作室之一，工作室的成员还连续多年蝉联西安分公司技能竞赛的冠军。她本人主持开展了2项中储粮集团公司的课题项目，先后发表论文十余篇，更是在2021年荣获"全国五一劳动奖章"荣誉称号。

进入中储粮20余年，李改婵时刻不忘初心，在细碎的时光中坚守使命，用奋斗的精神拥抱工作和生活。她是中储粮铁军队伍中的一员，是许多劳动模范的缩影，她们用一个个脚印跋涉了许多路，用一滴滴汗水守护着"舌尖上的安全"，用实际行动发扬"宁流千滴汗，不坏一粒粮"的储粮人精神，为端牢中国人的饭碗贡献力量。

——引自全国粮食产后节约减损工作现场推进会十佳作品

项目二　计量粮油数量

学习导入

在做好粮油出入库相关准备工作后，即进入粮油出入库作业阶段。入库粮油经感官判定及化验室检验其质量合格以后，要对其数量进行计量。粮食数量的计量一般借助电子汽车衡，油脂数量的计量可使用量油尺。没有精确的计量仪器和测量方法，就难以保证产品的质量和效益的提高，质量与效益的提高，必须建立在计量科学技术的基础上。

项目导学

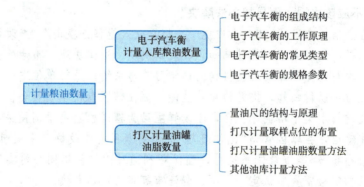

任务一　电子汽车衡计量入库粮油数量

情景描述

2023 年 11 月，某粮食储备库准备接收入库的稻谷经化验室检验其质量合格，将对其数量进行计量。一般先称量其毛重，然后按照要求把粮食卸入指定的仓房，再称量其皮重，计算出粮食的净重，作为入库粮食数量及资金结算的依据。请使用电子汽车衡计量本次入库粮食数量。

学习目标

▷ **知识目标**

(1)了解电子汽车衡的工作原理、常见类型和规格参数。

(2)熟悉电子汽车衡的组成结构和工作原理。

▷ **能力目标**

能指挥车辆，使用电子汽车衡称量入库(出库)粮食的数量。

▷ **素养目标**

(1)培养安全规范操作意识和团队协作能力，树立职业责任感。

(2)养成认真严谨、精益求精的工作态度。

任务资讯

知识点一　电子汽车衡的组成结构

电子汽车衡俗称地磅，是大宗货物计量的主要称重设备。电子汽车衡在称量大宗货物时，具有精度高、稳定性好和操作方便等优点。

电子汽车衡通常由秤台、称重传感器、连接件、限位装置、接线盒和称重显示仪表等零部件组成；还可以根据使用要求选配打印机、大屏幕显示器、计算机和稳压电源等外部设备，如图 2-2-1 所示。

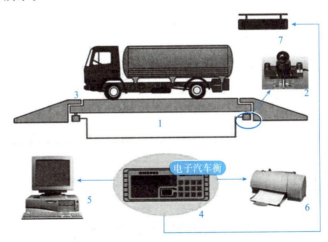

图 2-2-1　电子汽车衡

1—秤台；2—称重传感器；3—限位器；4—称重显示仪表；5—计算机；6—打印机；7—外显示屏

知识点二　电子汽车衡的工作原理

电子汽车衡利用应变电测原理称重。被称重物或载重汽车置于承载器台面上，在重力作用下，承载器将重力传递至称重传感器，使称重传感器弹性体产生变形，贴附于弹性体上的应变计桥路失去平衡，输出与质量数值成正比例的电信号，经线性放大器将信号放大，再经 A/D 转换成为数字信号，由仪表的微处理机（CPU）对质量信号进行处理后，直接显示质量数据。配置打印机后，即可打印记录称重数据，如果配置计算机，可将计量数据输入计算机管理系统进行综合管理。

知识点三　电子汽车衡的常见类型

（1）电子汽车衡按传感器输出信号分类，可分为模拟式电子汽车衡和数字式电子汽车衡。

（2）电子汽车衡按自动化程度分类，可分为非自动电子汽车衡和自动电子汽车衡。

（3）电子汽车衡按安装方式分类，可分为地上衡和地中衡。地上衡采用无基坑，无基坑秤台两端采用钢结构活动引坡，秤台上装有专供吊运用的吊环螺钉，便于用户吊运，传感器与秤台安装在一起，秤台一次安装就位；地中衡采用有基坑，有基坑采用混凝土浇筑。

知识点四　电子汽车衡的规格参数

SCS 为电子汽车衡（地磅）的通用代码。第一个字母 S 表示衡器类别中的地上衡，第二个字母 C 表示它的传力结构是传感器；第三个字母 S 表示数字显示。电子汽车衡常见规格参数见表 2-2-1。例如，表示一台 100 t 地磅时，一般表示为 SCS-100t；如果还要标地磅台面尺寸，如宽 3 m、长 18 m 的汽车衡，则一般表示为 SCS-100t，3 m×18 m。

表 2-2-1　电子汽车衡常见规格参数

型号	称量规格	秤台尺寸/m	传感器数量	分度值
SCS-10	10	2×5　2.2×5	4	5
SCS-20	20	2.5×6	4	5
SCS-30	30	3×7　3×8	4	10
SCS-50	50	3×9　3×10	6	10
SCS-80	80	3×12　3.3×14	6	20
SCS-100	100	3×16　3×18	8	50
SCS-150	150	3.3×18　3.5×18	10	50
SCS-200	200	3.3×18　3.5×18	10	50

电子汽车衡计量入库粮油数量

工作任务

请根据本任务"情景描述"中即将接收入库的稻谷，规范使用电子汽车衡准确计量其数量。

任务实施

一、任务分析

电子汽车衡计量入库粮油数量需要明确以下问题。

(1)电子汽车衡的组成结构。

(2)电子汽车衡的工作原理。

(3)电子汽车衡的常见类型。

(4)电子汽车衡的规格参数。

二、器材准备

电子汽车衡、操作说明书、装粮汽车、空载汽车、电子汽车衡外接设备、工作服和工作手套等。

三、操作步骤

(1)电子汽车衡使用前,检查传感器、中心接线盒、电缆、称重台、称重显示仪等完好性。

(2)仪表通电预热 15 min 后,打开称重显示仪表、外显示屏与打印机。

(3)指挥装载车辆驶入秤台,记录车号、送粮单位和送粮人员等基本信息。

(4)称量装载车辆(毛重),记录称量读数。

(5)核对空载车辆的信息,确保空载车辆与装载车辆对应正确;称量空载车辆(皮重),记录称量读数。

视频:电子汽车衡的结构和原理

(6)填写相关数据,核算称量结果;打印和保存称量结果。

(7)称量结束后,做好相关整理工作,关闭电子汽车衡。

四、注意事项

(1)仪表在通电状态下,严禁拔插仪表的外设电缆及传感器电缆等,防止损坏接口电路。

(2)汽车应匀速上秤台,速度控制在 5 km/h 以内;禁止在秤台上紧急刹车,限速标志应放置在明显的地方。

(3)每次车辆上秤台前,应先观察仪表显示是否为零,打印或记录数据前观察仪表显示是否稳定。

(4)每次计量的汽车载重不得超过系统的额定称量值,但也不应称量过轻的物体。

视频:电子汽车衡的出入库流程

(5)确保电子汽车衡使用前的检查正常,可试运行一遍;如出现运行异常或故障,应报上级主管部门,安排专业人员进行调试与维修。

 报告填写

填写电子汽车衡称量结果记录表,见表 2-2-2。

表 2-2-2　电子汽车衡称量结果记录表

称量人:　　　　　　　　　　　　　　　　　　　　　　称量时间:

车号		送粮单位		备注
车辆毛重/t		车辆皮重/t		
核算粮食重/t		粮食种类		

任务评价

按照表 2-2-3 评价学生工作任务完成情况。

表 2-2-3　电子汽车衡的称重操作评价表

班级：　　　　　　姓名：　　　　　　学号：　　　　　　成绩：

试题名称		电子汽车衡的称重操作			考核时间：25 min		
序号	考核内容	考核要点	配分	评分标准	扣分	得分	备注
1	准备工作	安全防护	4	未戴安全帽，未穿工作服，扣4分			
		掌握电子汽车衡称量规格型号及使用注意事项（要点）	16	口述汽车衡型号、称量规格、分度值等内容，每错误1处，扣2分			
				口述电子汽车衡使用注意事项（5个要点），每错误1处，扣2分			
2	操作前提	电子汽车衡仪表准备	20	口述检查传感器、中心接线盒、电缆、称重台、称重显示仪方法，每错误1处，扣2分			
				未通电预热仪表，扣5分			
				预热时间不足，扣5分			
		电子汽车衡外部设备准备	10	未打开配置显示器，扣4分			
				未打开配置打印机，扣3分			
				未打开外部显示屏，扣3分			
3	操作过程	电子汽车衡称量操作步骤规范安全	40	未明确车辆皮重开始称量，扣5分			
				指挥车辆驶入秤台不当，扣5分			
				记录车号、送粮单位、检验情况等基本信息，错误扣10分，不全面扣5分			
				称量车辆皮重，错误扣5分			
				称量车辆毛重，错误扣5分			
				填写数据有误，扣5分			
				汽车衡使用后关闭电源错误，扣5分			
4	操作结果	称重结果	5	核算称重结果错误，扣5分			
5	使用工具	熟练规范使用仪器设备	5	工具使用不熟练，扣2分			
		工具使用维护		操作结束后未整理归复位，扣3分			
6	安全及其他	按国家法规或企业规定	—	违规停止操作		—	
		在规定时间内完成操作		超时停止操作		—	
合计			100				
否定项说明：未遵守安全规定□；损坏仪器设备□；严重违规操作□；发生事故□							

巩 固 练 习

一、填空题

1. 电子汽车衡俗称地磅，是_____计量的主要称重设备。电子汽车衡在称量大宗货物时，具有_____、_____和_____等优点。

2. 电子汽车衡通常由_____、_____、连接件、限位装置、接线盒和称重显示仪表等零部件组成；还可以根据使用要求选配_____、_____、计算机和稳压电源等外部设备。

二、单选题

1. 电子汽车衡俗称地磅，是(   )计量的主要称重设备。电子汽车衡在称量时，具有精度高、稳定性好和操作方便等优点。

    A. 大宗货物   B. 各种货物   C. 冷冻货物   D. 易腐蚀货物

2. 电子汽车衡利用(   )原理称重。

    A. 杠杆   B. 应变电测   C. 电化学极普   D. 热导池

3. 下列关于电子汽车衡的常见类型的叙述，错误的是(   )。

    A. 电子汽车衡按传感器输出信号分类，可分为模拟式电子汽车衡和数字式电子汽车衡

    B. 电子汽车衡按自动化程度分类，可分为非自动电子汽车衡和自动电子汽车衡

    C. 电子汽车衡按安装方式分类，可分为地上衡和地中衡

    D. 地上衡采用有基坑，有基坑秤台两端采用钢结构活动引坡，秤台上装有专供吊运用的吊环螺钉，便于用户吊运，传感器与秤台安装在一起，秤台一次安装就位；地中衡采用无基坑，无基坑采用混凝土浇筑

三、多选题

电子汽车衡通常由(   )、连接件和接线盒等零部件组成；还可以根据使用要求选配打印机、大屏幕显示器、计算机和稳压电源等外部设备。

    A. 称重传感器   B. 限位装置

    C. 称重显示仪表   D. 秤台

四、判断题

1. 电子汽车衡通常由秤台、称重传感器、连接件、限位装置、接线盒和称重显示仪表等零部件组成；还可以根据使用要求选配打印机、大屏幕显示器、计算机和稳压电源等外部设备。   (   )

2. 电子汽车衡利用杠杆原理称重。   (   )

3. 被称重物或载重汽车置于承载器台面上，在重力作用下，承载器将重力传递至称重传感器，使称重传感器弹性体产生变形，贴附于弹性体上的应变计桥路失去平衡，输出与质量数值成反比例的电信号，经线性放大器将信号放大，再经 D/A 转换成为模拟信号，由仪表的微处理机(CPU)对质量信号进行处理后，直接显示质量数据。   (   )

任务二　打尺计量油罐油脂数量

情景描述

　　2023 年 10 月，江苏省镇江市某油脂储备库接到上级要求，需对部分油罐的储存油脂数量进行检查核实。被抽检到的油罐为 5 号罐，请使用打尺计量法计量油罐油脂数量，并准确上报。

学习目标

➤ **知识目标**

(1) 了解量油尺的结构、工作原理。

(2) 掌握量油尺计量取样点位的布置。

➤ **能力目标**

能够使用打尺计量油罐油脂数量。

➤ **素养目标**

(1) 培养安全规范操作意识和团队协作能力，树立职业责任感。

(2) 养成认真严谨、精益求精的工作态度。

任务资讯

知识点一　量油尺的结构与原理

　　量油尺又称为测深钢卷尺，用于测量油罐内油脂液位高度。量油尺由手柄、尺架、摇柄、量尺、锁定器、尺砣和连接器等构成，如图 2-2-2 所示。测量时，可先由量尺靠尺砣的重量自动下落，接近罐底时，将尺带用锁定器定位锁住，手提量油尺手柄缓缓下落，感觉尺砣触底的一瞬间提起油尺，尺带上触油与非触油的交接面在尺带上留下清晰的痕迹，痕迹处的数值即油脂液位高度。

图 2-2-2　量油尺

1—手柄；2—锁定器；3—摇柄；4—尺架；5—量尺；6—刮油器；7—连接器(挂钩)；8—尺砣

知识点二 打尺计量取样点位的布置

1. 打尺计量位置

打尺计量一般在油罐顶部的计量孔位置进行,计量孔水平方向距罐壁距离一般不小于1.5 m。

2. 油温测量点位布置

油深<3 m时,在油深1/2处测量油温;油深≥3 m时,则需测量上、中、下三层油温,以三层油温平均值作为罐内平均油温:上层位置在离油面500 mm处,中位置在油深1/2处,下层位置在离底面500 mm处。为了保证测量的准确度,在测量加热或加工后热油的油温时,上、中、下温差>3 ℃的,应在相邻两点之间等距离增加1个测量点,最多可设置5个测量点,取其算术平均值作为油温值。

3. 取样点位的布置

首先应确定罐内油位高度,用取样器打到底部,估算油脂液位高度,并查看油脂是否均匀、有无油脚。分层:在罐内油深1/10、1/2、9/10处,分设上、中、下三层取样点,其中,上层取样点距油面、下层取样点距罐底的距离不应少于500 mm。

知识点三 打尺计量油罐油脂数量方法

1. 测量工具的准备和要求

确定检查油罐的罐号,准备好校验合格的打尺计量所用的量油尺、数字式温度计、经计量检定过的水银温度计,非计量罐要准备皮尺,计量罐要准备油罐容积检定证书。

2. 测量油脂液位高度的方法

(1)上罐顶进行计量操作时,操作人员应不少于两人。一人操作,一人复核和记录,计量器具需放稳妥后,才能进行操作,如图2-2-3所示。

图2-2-3 打尺计量操作

(2)待油面稳定以后,一只手握住尺柄,另一只手握住尺带,将尺带放入下尺槽,靠尺铊重力引导尺带下落,在尺铊触及油面后,放慢尺铊下降速度,待尺带落到油面估计高度时,将估计高度的尺带油痕擦净,当尺铊距离罐底100~200 mm时,应停止一段时间,待尺铊不再晃动,油面静止时,再进行测量。

（3）一只手握住手柄及尺带，另一只手与尺带一起缓慢下落，在尺铊触底的瞬间提起或稳住，此时，不能让尺带晃动或下降，利用尺架上的摇柄将尺带迅速绕到尺盘上，当露出油痕时，停止卷尺，开始读数。

（4）一只手握住读数位置的上端，另一只手握下端，两手拉直尺带，视线与尺带垂直。读数时先读毫米，再读厘米、分米、米，并做好记录。

（5）油面高度测量至少测量两次；测量结果相差不大于 1 mm 时，取小的读数，超过 1 mm 时则应重新测量。

（6）测量完毕后，应将量油尺松紧适度卷好，用软布或棉纱拭洗干净。

3. 测量油脂温度的方法

在数字式温度计引线上标明尺寸，按确定的测量位置放下探头，在确定的测量位置上从上到下测量。每次测温时，数字式温度计应选用适用的量程，待温度计显示字符稳定后方可读数，测量完毕后，应将数字式温度计擦洗干净。

4. 油量计算方法

（1）平均温度的计算：油罐或船舱内存油的平均温度 t。

① 测量点为 3 点时。

$$t=(t_上+t_中+t_下)\div 3$$

式中　t——油罐平均温度；

　　　$t_上$——上层油温；

　　　$t_中$——中层油温；

　　　$t_下$——下层油温。

② 测量点为 5 点时。

$$t=(t_1+t_2+t_3+t_4+t_5)\div 5$$

式中　t——油罐平均温度；

　　　$t_1\cdots t_5$——第 1、…、5 测量点处的油温。

（2）计算 $t\ ℃$ 时，容积的静态压力修正值 $V_{t静修}$。

$$V_{t静修}=V_静\times[D_{20}+(20-t)\times 0.000\ 64]/G$$

式中　$V_{t静修}$——$t\ ℃$ 时容积的静态压力修正值（dm^3）；

　　　$V_静$——根据量油高度，在检定证书中查出相应静压力的修正值（dm^3）；

　　　D_{20}——根据化验或测定出的 20 ℃ 标准温度时的密度（kg/dm^3）；

　　　G——1 kg 纯水在 4 ℃ 时的密度为 1 kg/dm^3；

　　　0.000 64——油脂温度升降 1 ℃ 时，密度的修正系数。

（3）计算 $t\ ℃$ 时的容积 V_t。

$$V_t=V_1+V_{t静修}$$

在油温与标准温度 20 ℃ 相比超过 ±10 ℃ 时，按以下公式计算：

$$V_t=(V_1+V_{t静修})\times[1+(t-20)\times 2a]$$

式中　V_t——$t\ ℃$ 时的容积（dm^3）；

　　　V_1——根据油面高度在检定证书中查出的相应容积；

　　　$V_{t静修}$——$t\ ℃$ 时容积的静态压力修正值（dm^3）；

a——钢板油罐体膨胀系数，$a=0.000\ 012$，非保温罐取 $2a$，保温罐取 $3a$ 代入计算。

(4)计算 t ℃时的油脂密度 D_t。

$$D_t=D_{20}-0.001\ 1+(20-t)\times a$$

式中　D_{20}——根据化验或测定出的 20 ℃标准温度时的密度(kg/dm^3)；

0.001 1——由空气浮力引起的修正值(kg/dm^3)；

t——油罐或船舶计量舱内的平均油温(℃)。

(5)空气中油的商业质量 m。

$$m=V_t\times D_t$$

式中　V_t——t ℃时的容积；

D_t——t ℃时的油脂密度。

知识点四　其他油库计量方法

部分老油库的油脂出入库靠汽车过地磅来完成计量，油罐未进行过罐容检定，对于此类非计量油罐，可采用皮尺测量油罐的周长，换算出油罐的半径，用底面积和油脂液位高度相乘得到油脂体积，进而粗略计算罐内油脂数量。该方法的精确度较低，但可估算出油罐内储油的大概数量，为数量检查提供一定的依据。

打尺计量油罐油脂数量

 工作任务

针对粮库容易发生火灾的特性，养成安全规范操作意识，使用干粉灭火器进行灭火作业。

 任务实施

一、任务分析

打尺计量油罐油脂数量，需要明确以下问题。

(1)量油尺的结构与原理。

(2)打尺计量取样点位的布置。

(3)打尺计量油罐油脂数量方法。

(4)其他油库计量方法。

二、器材准备

油罐、油脂、量油尺、温度计、安全绳、工作服、工作手套和记录笔等。

三、操作步骤

(1)准备量油尺、温度计、安全绳等测量用具，检查其完好性。

(2)使用量油尺等测量液位高度，至少两次测量合格，取较小的数据。

(3)确定油温测量点位，使用数字式温度计等测量油脂温度。

视频：打尺计量
油罐油脂数量

(4)计算油罐的油量。

(5)将测量数据填写在表中，并计算油脂数量。

四、注意事项

(1)量油尺应经过具有检定资质的机构检定，数字式温度计要用水银温度计加以标定，两者误差在±0.3 ℃以内时视为合格。

(2)在计量交接测量期间，不得有收发油作业，雷雨天、下雪未化时，禁止上罐顶进行计量操作；对已凝固的油脂需要在测量前加热成液态，并且静置 2 h，待上、下油温较均匀后才能进行测量；油罐或船舱进油作业结束后，应静止 10～48 h，需待油面稳定无泡沫后方可进行测量。

(3)量油尺使用前应校对零点，并检查尺砣与挂钩是否连接牢固；尺带不得扭折、弯曲；刻度线及数字应清晰；尺砣尖部无损坏；量油尺使用后应擦净，收卷好放在固定的尺架上。

 报告填写

填写打尺计量油罐油脂数量记录表，见表 2-2-4。

表 2-2-4　打尺计量油罐油脂数量记录表

称量人：　　　　　　　　　　　　　　　　　　　　　　　　称量时间：

序号	内容	数据及计算结果	备注
1	测量油深		
2	测量油温		
3	油脂量计算		D_{20}值由鉴定站确定

 任务评价

按照表 2-2-5 评价学生工作任务完成情况。

表 2-2-5　打尺计量油罐油脂数量评价表

班级：　　　　　　　姓名：　　　　　　　学号：　　　　　　　成绩：

试题名称				打尺计量油罐油脂数量		考核时间：25 min		
序号	考核内容	考核要点	配分	评分标准	扣分	得分	备注
1	准备工作	安全防护	5	未戴安全帽，未穿工作服，扣3分			
		清理工作场所		未清理工作场所，扣2分			
2	操作前提	检查量油尺、安全绳，标定数字式温度计	15	检查量油尺，错误扣 5 分，不规范、不全面扣 3 分			
				未标定数字式温度计或标定不合格，扣 5 分			
				未检查安全绳，扣 5 分			

试题名称		打尺计量油罐油脂数量			考核时间：25 min		
序号	考核内容	考核要点	配分	评分标准	扣分	得分	备注
3	操作过程	测量油深油温操作规范	45	量油尺操作错误，扣 10 分，不规范，扣 5 分			
				量油尺读数错误，扣 10 分，不规范，扣 5 分			
				测量次数、测量误差不符合要求，扣 10 分			
				测量油温操作错误，扣 10 分，不规范，扣 5 分			
				测量油温读数错误，扣 5 分			
4	操作结果	油量计算结果正确	25	计算存油平均温度 t 错误，扣 5 分			
				计算 t ℃时容积的静态压力修正值 $V_{t静修}$ 错误，扣 5 分			
				计算 t ℃时容积 V_t 错误，扣 5 分			
				计算 t ℃时油脂密度 D_t 错误，扣 5 分			
				计算油罐中油脂质量 m 错误，扣 5 分			
5	使用工具	熟练规范使用仪器设备	10	量油尺使用不熟练、不规范，扣 5 分			
		仪器设备使用维护		测量后量油尺维护错误，扣 3 分			
				测量后温度计维护错误，扣 2 分			
6	安全及其他	按国家法规或有关安全规定操作	—	违规停止操作	—		
		在规定时间内完成操作		超时停止操作			
合计			100	总得分			

否定项说明：未系安全绳□；严重违规操作□；发生事故□

巩固练习

一、填空题

1. 量油尺又称为测深钢卷尺，用于测量油罐内油脂液位高度。量油尺由_____、_____、摇柄、量尺、锁定器、尺砣和连接器等构成。

2. 使用量油尺测量时，可先靠尺砣的重量自动下落，接近罐底时，将尺带用锁定器定位锁住，手提量油尺手柄缓缓下落，在感觉尺砣触底的一瞬间_____，尺带上触油与非触油的交接面在尺带上留下清晰的痕迹，痕迹处的数值即_____。

3. 打尺计量一般在油罐顶部的计量孔位置进行，计量孔水平方向距离罐壁距离一般不小于_____。

二、单选题

1. 量油尺又称为测深钢卷尺，用于测量油罐内油脂液位高度。量油尺由（　　）等构成。
   A. 手柄、摇柄、量尺、锁定器、尺砣、连接器
   B. 手柄、尺架、量尺、锁定器、尺砣、连接器
   C. 手柄、尺架、摇柄、量尺、锁定器、尺砣、连接器
   D. 手柄、尺架、摇柄、量尺、尺砣、连接器

2. 油罐取样点位分层原则：在罐内油深 1/10、1/2、9/10 处，分设上、中、下三层取样点，其中，上层取样点距油面、下层取样点距罐底的距离不应少于（　　）mm。
   A. 200　　　　B. 300　　　　C. 400　　　　D. 500

三、多选题

量油尺又称为测深钢卷尺，用于测量油罐内油脂液位高度。量油尺由（　　）等构成。
   A. 手柄、尺架　　　　　　　B. 摇柄、量尺
   C. 锁定器、尺砣　　　　　　D. 连接器

四、判断题

1. 使用量油尺测量时，可先靠尺砣的重量自动下落，接近罐底时，将尺带用锁定器定位锁住，手提量油尺手柄缓缓下落，在感觉尺砣触底的一瞬间提起油尺，尺带上触油与非触油的交接面在尺带上留下清晰的痕迹，痕迹处的数值即油脂液位高度。（　　）

2. 量油尺又称为测深钢卷尺，用于测量油罐内油脂液位高度。量油尺由手柄、摇柄、量尺、锁定器、尺砣和连接器构成。（　　）

3. 打尺计量一般在油罐顶部的计量孔位置进行，计量孔水平方向距离罐壁距离一般不小于 0.5 m。（　　）

【视野窗】

关于印发全国政策性粮食库存数量和质量大清查实施方案的通知
发改粮食〔2019〕247 号

各省级粮食库存大清查协调机制成员单位：

为认真落实《国务院办公厅关于开展全国政策性粮食库存数量和质量大清查的通知》（国办发〔2018〕61 号）精神，做好 2019 年政策性粮食库存大清查工作，国家发展改革委、国家粮食和物资储备局、财政部、农业农村部、国家统计局、中国农业发展银行、中储粮集团公司联合制定《全国政策性粮食库存数量和质量大清查实施方案》（以下简称《实施方案》），经粮食库存大清查部际协调机制审定，现印发给你们，请认真执行。

粮食是关系国计民生的重要商品，粮食安全是国家安全的重要组成部分，解决好十几亿人的吃饭问题始终是治国理政的头等大事。政策性粮食库存在调节粮食市场供求关系、维护社会稳定，应对重大自然灾害或其他突发事件方面发挥着重要作用。开展全国政策性粮食库存数量和质量大清查，进一步摸清粮食库存实底，有利于准确研判国内粮食市场的

供给形势，增强粮食安全的预见性；有利于制定更有针对性的举措，深入推进粮食收储制度改革，加快消化不合理粮食库存；有利于全面压实各方责任，及时发现问题，堵塞漏洞，防范化解风险隐患，坚决守住管好"天下粮仓"，确保把中国人的饭碗牢牢端在自己手中。

　　各省、各有关部门和单位要提高政治站位，统一思想认识，严格执行《实施方案》有关规定。要坚持从严清查，按照规定程序和检查标准，对纳入清查范围的粮食库存做到有仓必到、有粮必查、有账必核、查必彻底，决不允许有"盲区"和"死角"。要明确分工，压实责任，普查抽查工作实行牵头负责制和组长负责制，谁检查、谁签字、谁负责，对检查结果实行终身责任追究。对大清查发现的问题，要敦促限期整改，严惩违规行为，坚决堵塞漏洞。

国家发展改革委　粮食和储备局

财政部　农业农村部　统计局

中国农业发展银行　中储粮集团公司

2019 年 2 月 2 日

全国政策性粮食库存数量
和质量大清查实施方案

项目三 粮油清理

学习导入

　　粮油清理为粮油出入库准备过程中的主要步骤，为了更好地保证粮油的纯净度、品质和储存安全，以及提高仓储作业的效率。一般采用溜筛、滚筒筛及振动筛对粮油进行过筛，以上设备需要在粮油出入库之前准备妥当。

项目导学

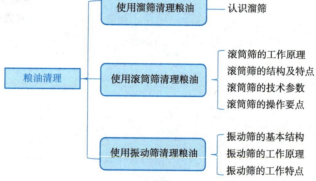

任务一　使用溜筛清理粮油

情景描述

　　杂质和尘土可能成为害虫的滋生地，而石子等硬物可能对粮仓设备造成损坏；粮食在收割、运输和储存过程中，可能混入各种杂质；一些杂质可能成为害虫的栖息地或食物来源，从而引发虫害问题。某粮食储备库接收了一批稻谷，经检验和计量后进行入库操作，请使用溜筛清理粮油杂质，从而更好地保障粮油质量。

学习目标

➢ **知识目标**

掌握溜筛的使用和改进方法。

➢ **能力目标**

能按规范使用溜筛清理粮油。

➢ **素养目标**

培养学生规范操作、安全生产的意识，塑造吃苦耐劳、探索创新的工匠精神。

任务资讯

知识点 认识溜筛

溜筛是指一种静止而倾斜的筛子，它是靠物料自重作用在筛面上产生相对滑动进行筛理的设备。溜筛有单层和多层之分。单层溜筛具有结构简单、造价低、调节方便、效率较高等优点；多层筛则可减小占地面积和减少物料提升次数。溜筛主要由筛框和钢丝编织筛组成，结构简单，工作时不用外加动力，但除杂效果整体不佳。

若要提高清理效率，可从以下几个方面进行改进。

(1)控制流量，使物料均匀地流过整个筛面，粮层厚度不可太大。

(2)根据杂质的性状，选择大小合适的筛孔。

(3)选择合适的筛面倾角，物料流速不可过大，常用倾角为34°~38°。

(4)选择合适的筛面长度，一般为1.2~1.8 m，筛面过长效果没有提高，反而浪费了材料。

视频：溜筛的基础知识

(5)筛面要平直，不得下凹，宽度要适当。

(6)要经常清理筛面上被堵的筛孔。

任务演练

使用溜筛清理粮油

 工作任务

针对粮油在出入库准备过程中需要的清理工作，合理进行清理操作，掌握使用溜筛清理粮油的方法。

 任务实施

一、任务分析

使用溜筛清理粮油，需要明确以下问题。

(1)溜筛的特征。

(2)提高溜筛清理效率的方法。

二、器材准备

溜筛、输送器械、清理设备、记录表、工作服、工作手套和记录笔等。

三、操作步骤

(1)根据清理的生产量确定使用溜筛的规格型号。

(2)依据前后连接的输送机械,确定安放位置并固定。

(3)检查溜筛筛网筛孔尺寸、筛面长度、完好性等,调整好筛面倾斜角度。

(4)均匀进粮,清理杂质。

(5)检查筛下物出口处有无堵塞或正常粮油混入。

(6)清理设备,放置在规定的地方。

视频:使用溜筛
清理粮油

(7)填写机械设备使用记录表。

四、注意事项

(1)粮油清理进料均匀,不可出现过载现象。

(2)筛面流层要保持均匀,不应出现一边厚、一边薄的现象。

(3)筛网孔要及时清理,保持畅通。

巩固练习

一、填空题

1. 溜筛是指一种静止而倾斜的筛子,它是靠_____作用在筛面上产生相对滑动进行筛理的设备。

2. 溜筛有单层和多层之分,单层溜筛具有结构简单、造价低、调节方便、效率较高等优点;多层筛则可减小占地面积和_____。

二、单选题

提高溜筛清理效率,以下说法错误的是(   )。

  A. 控制流量,使物料均匀地流过整个筛面,粮层厚度不可太大

  B. 根据杂质的性状,选择大小合适的筛孔

  C. 选择合适的筛面倾角,物料流速不可过大,常用倾角为 38°～44°

  D. 筛面要平直,不得下凹,宽度要适当

三、多选题

关于提高溜筛清理效率的方法,以下说法正确的有(   )。

  A. 控制流量,使物料均匀地流过整个筛面,粮层厚度不可太大

  B. 根据杂质的性状,选择大小合适的筛孔

  C. 选择合适的筛面倾角,物料流速不可过大,常用倾角为 34°～38°

  D. 选择合适的筛面长度,一般为 1.2～1.8 m

任务二　使用滚筒筛清理粮油

情景描述

2023年6月，江苏省南京市某粮食购销公司接收了一批小麦，经检验和计量后，准备进行入库操作。本批次粮食杂质含量相对较高，请针对该批次粮食使用滚筒筛进行除杂清理作业，提高仓储作业的效率，保证粮食的纯净度、品质和储存安全。

学习目标

> **知识目标**

理解滚筒筛的工作原理，了解滚筒筛的结构及特点，掌握滚筒筛的使用方法。

> **能力目标**

能按规范使用滚筒筛清理粮油。

> **素养目标**

培养学生规范操作、安全生产的意识，塑造吃苦耐劳、严谨细致的工匠精神。

任务资讯

知识点一　滚筒筛的工作原理

滚筒筛适用于原粮清理。一般采用内外双层直圆柱筛筒，利用粮油与杂质大小的不同，通过筛筒的连续旋转，把原粮中大于内筛孔孔径的大杂质和小于外筛孔孔径的细杂质分离出来，达到初清的效果。一般选用摆线针轮减速机减速，链条传动。滚筒筛如图2-3-1所示。

图 2-3-1　滚筒筛

知识点二　滚筒筛的结构及特点

滚筒筛筛筒的前端由两只托轮支撑旋转，后端由万向十字联轴器与主轴相连，在托轮上、下调整倾角时，由于万向联轴器的作用，保证筛筒能旋转自如。筛筒由前后转动盘及扁钢焊合，筛片由钢板冲孔制成，用螺栓固定组成筛筒。筛孔大小根据筛选不同的粮油选用。筛筒倾斜安装，角度可调，筛筒倾角的调整，能改变物料在筛筒内的下滑速度，从而改变生产率。同时，配置风机风选清杂机构，可对溜出筛筒的粮油进行风选处理，筛后粮油中的轻皮颖壳、粉尘等，即可随出风口吹出。风量调节阀可改变风量大小，以达到满意的风选效果。较大的滚筒筛一般设有牵引式行走机构或电动自行机构，前轮有转向功能。

滚筒筛具有筛身长、传动平稳、结构紧凑、维修方便、能耗低、处理量大、清杂效果好等优点，是原粮初步清理的理想设备。

知识点三　滚筒筛的技术参数

滚筒筛主要技术参数见表 2-3-1。

表 2-3-1　滚筒筛主要技术参数

型号			TCQY 100×350	TCQY 100×250
内筛筒规格/mm			φ1 000×3 500	φ1 000×2 580
外筛筒规格/mm			φ1 400×2 790	φ1 400×1 855
筛筒转速/(r·min⁻¹)			18	
筛筒倾角/(°)			7±1.5	
处理量/ (t·h⁻¹)	玉米	粗筛 孔径 /mm	16	70	50
			20	100	70
	水稻		14	40	25
			18	50	35
	小麦		16	80	55
			20	120	80
	大豆		14	60	40
			18	100	70
细筛孔径 /mm	玉米			φ4.5～φ6.5	
	水稻			长孔(1.8～2.0)×20	
	小麦			长孔(1.6～1.8)×20	
	大豆			φ4～φ4.5	
清杂率			85％	
电动机型号			Y112M-6　2.2 kW	
风机型号			4-72-12　No3.2A	
减速机型号			XW4-11	

知识点四　滚筒筛的操作要点

(1)依据前后连接的输送机械，确定滚筒筛的合适高度和距离，保证粮油落点准确；整机安放平稳，前后轮做好挡靠或固定，防止设备偏载或位移。

(2)开机前圆筒中不应存有粮油及其他杂物，要检查筛网有无破损，以及筛网规格是否适合清理的物料粒型。各部位的检查窗要全部关闭。

(3)要接通电源，检查电机运转方向，除尘风机、圆筒转向应与标识方向一致。圆筒运转时，不应有异常碰撞、摩擦或异响，运转平稳、灵活。

(4)按筛选的粮油状况及所需生产率，调整好圆筒倾斜角度。

(5)运转正常后，方可进粮作业，均匀进料，先启动出粮端输送机。在设备工作过程中，观察粮油出入设备是否运转正常，筛下物是否堵塞或有正常粮油混入。

任务演练

使用滚筒筛清理粮油

工作任务

请针对粮油可能出现的问题，合理进行清理操作，掌握使用滚筒筛进行清理粮油作业，提高仓储作业的效率，保证粮食的纯净度、品质和储存安全。

任务实施

一、任务分析

使用滚筒筛清理粮油，需要明确以下问题。

(1)滚筒筛工作的原理。

(2)滚筒筛的结构及特点。

(3)滚筒筛的技术参数。

(4)滚筒筛的操作要点。

二、器材准备

滚筒筛、输送器械、清理设备、记录表、工作服、工作手套和记录笔等。

三、操作步骤

(1)根据清理的生产量，确定使用滚筒筛的规格型号。

(2)依据前后连接的输送机械，确定安放位置并固定。

(3)检查圆筒筛网规格、完好性等，调整好圆筒倾斜角度。

(4)检查电动机、除尘风机、圆筒运转是否正常。

(5)运转正常后，均匀进粮，清理杂质。

(6)观察清理设备是否运转正常，筛下物出口处有无堵塞或正常粮油混入。

(7)排空机内存粮，然后停机。

(8)清洁整理相关设备，放置在规定的地方。

(9)填写机械设备使用记录表。

四、注意事项

(1)粮油清理进料均匀，不可出现过载现象。

(2)出现异常碰撞和摩擦应及时停机检查，严禁机器带病作业。

(3)检修时，要停机断电后作业，不可带电作业。

视频：使用滚筒筛
清理粮油

━━━━━━━━━ **巩固练习** ━━━━━━━━━

一、填空题

1. 滚筒筛筛筒的前端由_____支撑旋转，后端由万向十字联轴器与主轴相连。

2. 滚筒筛筛筒倾斜安装，角度可调，筛筒倾角的调整，能改变物料在筛筒内的下滑速度，从而改变_____。

3. 滚筒筛具有筛身长、传动平稳、结构紧凑、维修方便、能耗低、处理量大、清杂效果好等优点，是_____的理想设备。

二、单选题

1. 滚筒筛的优点不包括(　　)。

    A. 传动平稳　　　　B. 处理量小　　　　C. 结构紧凑　　　　D. 维修方便

2. 关于滚筒筛使用的说法，不正确的是(　　)。

    A. 滚筒筛的前后轮做好挡靠或固定，防止设备偏载或位移

    B. 开机前圆筒中不应存有粮油及其他杂物

    C. 圆筒倾斜角度不能改变

    D. 运转正常后，方可进行进粮作业

任务三　使用振动筛清理粮油

情景描述

    2023 年 6 月，河南省郑州市某粮食购销公司接收了一批小麦，经检验和计量后，准备进行入库操作。在入库前，请规范使用振动筛清理粮油，提高粮食的纯净度，保障储粮安全。

学习目标

  ➤**知识目标**

熟悉振动筛的结构、工作原理和工作特点。

  ➤**能力目标**

能按规范使用振动筛清理粮油。

  ➤**素养目标**

(1)养成执行规范、文明生产的仓储业职业道德。

(2)培养学生自主探究、团队协作的学习态度。

任务资讯

知识点一　振动筛的基本结构

    振动筛适用于粮油储存前的清理，以及倒仓过程中的清理，是机械化粮库入仓清理的重要设备。振动筛一般由振动筛箱、除杂风选器、移动架体、出料输送机等组成，如图 2-3-2 所示。

图 2-3-2　振动筛

知识点二　振动筛的工作原理

被清理物料由进料口进入筛体，经振动筛的筛理将物料中的大杂、小杂分离出来。筛理后的物料进入风选器的入料口，经风选后，将物料中的轻杂及粉尘分离出来，并经沙克龙组的排料口排出，干净的物料落到设备自带的输送机胶带上，经输送机送出机器。分离出的大杂、小杂、轻杂及粉尘等杂质并分别排出机外。

知识点三　振动筛的工作特点

振动筛移动方便，产量适中，能满足各种类型的粮库需求，同时，具有结构简单、运行平稳、清理效果好、处理产量适中、维修简单等优点，可以提升入仓粮油品质，降低劳动强度。

使用振动筛清理粮油

 工作任务

请针对粮油可能出现的问题，合理进行清理操作，掌握使用振动筛进行清理粮油作业的方法，提高仓储作业的效率，保证粮食的纯净度、品质和储存安全。

 任务实施

一、任务分析

使用振动筛清理粮油，需要明确以下问题。

(1)振动筛的基本结构。

(2)振动筛的工作原理。

(3)振动筛的工作特点。

二、器材准备

滚筒筛、输送器械、清理设备、记录表、工作服、工作手套和记录笔等。

三、操作步骤

(1)整机安放平稳，前后轮做好挡靠或固定，防止设备偏载或位移。

(2)振动筛使用前首先将固定垫块拆除，换上橡胶弹簧，并拧紧上、下螺栓。

(3)检查振动电动机的旋转方向。两台电动机必须同时向相反的方向旋转。

(4)检查所有固定用手柄、螺栓是否拧紧，锁紧手柄应处于锁紧位置。

(5)检查橡胶弹簧是否倾斜、脱出或变形过大等现象，如有，应及时调整或更换。

(6)检查设备内有无粮油及其他杂物，检查筛网有无破损，以及筛网规格是否适合清理的物料粒型。

(7)观察并调节设备振幅、角度，使其与清理物料的性质、产量匹配。

(8)准备工作完毕后，经检查确认无误后，方可接通电源并开机运行；机器运转

3～5 min 后，方可投料。

（9）观察清理运行情况，确保设备运行正常，能达到预期的清理目标。

（10）停机前排空机内存粮。

《粮油机械 振动清理筛》(GB/T 26894—2011)　视频：使用振动筛清理粮油

四、注意事项

（1）设备使用前应安放平稳，防止出现位移。

（2）调整振幅时，重合度应调整一致，调整好后将电动机两端的保护罩安装好，所有固定用手柄、螺栓拧紧，锁紧手柄应处于锁紧位置，并将防振挡板（或垫块）搬至止松位置。

（3）根据不同的物料性质和产量需要，调整筛面角度。

（4）振动筛电动机必须同时向相反的方向旋转。两台电动机带有互锁装置，必须同时启动或同时关闭。

（5）开机后禁止靠近机体，不允许用手接触机器运转部位，特别是运动着的筛体。

（6）定期检查确保弹簧无倾斜、脱出或变形过大。

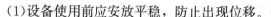

巩固练习

一、填空题

1. 振动筛适用于粮油_____，以及倒仓过程中的清理。

2. 振动筛一般由_____、_____、移动架体、出料输送机等组成。

3. 振动筛分离出的大杂、小杂、_____等杂质分别排出机外。

二、单选题

1. 振动筛适用于粮油（　　）及倒仓过程中的清理，是机械化粮库入仓清理的重要设备。
   A. 储存前的清理
   B. 储存期间的清理
   C. 出库前的清理
   D. 任何时候的清理

2. 振动筛一般由（　　）、除杂风选器、移动架体、出料输送机等组成。
   A. 旋转体　　　B. 振动筛箱　　　C. 振动架　　　D. 振荡器

3. 关于振动筛工作原理的叙述，说法错误的是（　　）。
   A. 被清理物料由进料口进入筛体，经振动筛的筛理将物料中的大杂、小杂分离出来
   B. 筛理后的物料进入风选器的入料口，经风选后，将物料中的轻杂及粉尘分离出来，并经沙克龙组的排料口排出
   C. 经振动筛清理后，干净的物料落到设备自带的输送机胶带上，经输送机送出机器
   D. 经振动筛清理后，分离出的大杂、小杂、轻杂及粉尘等杂质并分别排出机外

三、多选题

1. 振动筛适用于粮油（　　）的清理，是机械化粮库入仓清理的重要设备。

    A. 储存前　　　　　　　　　　　B. 倒仓过程中

    C. 储存期间　　　　　　　　　　D. 出库前

2. 振动筛一般由（　　）等组成。

    A. 振动筛箱　　　B. 除杂风选器　　　C. 移动架体　　　D. 出料输送机

四、判断题

1. 振动筛工作时，被清理物料由进料口进入筛体，经振动筛的筛理将物料中的大杂、小杂分离出来。筛理后的物料进入风选器的入料口，经风选后，将物料中的轻杂及粉尘分离出来，并经沙克龙组的排料口排出。（　　）

2. 振动筛适用于粮油储存期间的清理，是机械化粮库重要的清理设备。（　　）

3. 经振动筛清理后，干净的物料及各类型的杂质分别落到设备自带的输送机胶带上，经输送机送出机器。（　　）

【视野窗】

牢记使命保粮安　砥砺奋进胜丰人

黑龙江农垦胜丰粮库有限责任公司

2023 年 12 月 27 日

黑龙江农垦胜丰粮库有限责任公司，位于祖国最东方的边陲小城双鸭山市饶河县境内，从建库以来一直承担着储存国家粮食安全的重任，该企业经过多年的发展，已逐步发展成为功能齐全、设备设施完善、库容库貌整洁、仓储管理规范化的国有粮食购销企业。作为省级战略应急物资储备库点，胜丰粮库时刻牢记"为国保粮安"的初心使命，始终将保障国家粮食安全使命担当牢记心上。

牢记使命担当，不忘总书记殷切嘱托

在习近平总书记视察黑龙江建三江垦区作出重要指示五周年到来之际，胜丰粮库全体职工牢记总书记"中国粮食，中国饭碗"的殷殷嘱托，以守护好中华大粮仓为使命，当好维护国家粮食安全"压舱石"，以守粮有责、守粮尽责、守粮负责的担当，为推动粮食事业高质量发展贡献力量。该企业积极践行北大荒企业核心价值观，打造"专业、勤业、精业、敬业、创业、展业"具有粮食仓储特色的胜丰企业文化；树立粮食仓储人"讲政治、负责任、储好粮"的价值观，专注粮库事业发展，用"勤学保粮专业、精通储粮本业、敬畏粮食行业、创建'粮心'企业、拓展粮贸产业"的五业方针，倡导全体职工弘扬粮食人吃苦耐劳、勇于担当的新时期北大荒精神；弘扬职工以库为家、爱岗敬业、忠诚担当、无私奉献的企业发展精神；培养职工良好的价值追求和行为习惯，促进粮食仓储管理更加规范有效，储粮安全意识永不松懈。

为国储粮强职责，专业队伍做保障

"手中有粮，心里不慌"。胜丰粮库时刻秉承"为国保粮安"的职责使命，从提高全体职工自身素质着手，将学习业务知识与实践紧密结合，强化职工责任心和使命感。该企业强有力的粮食产后服务队伍，严格执行国家质价政策和收购标准，严把关口，细化流程，让农户卖上"舒心粮""明白粮"。工作中，始终把储粮安全、生产安全作为企业保粮安的生命线，以整章建制为引领，强管理制规范；以粮食质量为根本，重质量提品质；以保粮节损为基础，稳仓储增效。在强有力的责任心和高素质队伍的带动下，涌现出姚建、崔英华、孙晓燕等7位优秀的粮食仓储保管人员，他们担负着最基础的库存粮食安全保管任务，一年四季，无论酷暑严寒，都坚守在保粮一线，他们克服困难，用自己的无私与奉献守护着粮食安全。像他们一样的胜丰粮食人，在平凡的岗位上，以满腔的热忱和责任心书写不平凡的粮食人生，以精细化的管理确保国家储备粮数量真实、质量良好，成为国家在急需时调得动、用得上，维护国家粮食安全的"重器"。

夯实储粮根基，推动"保粮节损"上台阶

"宁洒千滴汗，不坏一粒粮"。胜丰粮库将安全储粮作为企业管理的主责主业，将各项责任和任务分解到每一个岗位、每一名职工，将40项管理制度应用到企业整个管理工作流程中。推行粮食仓储规范化、精细化管理模式，形成以安全储粮为轴心的保障体系。在做好库存粮食日常监管的同时，发挥"数字龙猫监管系统"智能化、数字化管粮优势，利用粮情测控系统、机械通风系统、仓内摄像头全覆盖及安防预警等系统，对粮食数量和质量进行全程实时监控，以便对发现的问题及时分析研判，第一时间进行解决，确保库存粮食数量真实、质量良好、储存安全。胜丰粮食人牢记着习总书记的话。树立开源与节流并重，增产与减损并行，减损就是增效的节粮意识，在粮食收购入库环节，做好入库粮食的除杂整理，推进分类、分品种、分仓储存保管，提高入库粮食质量。在粮食库内倒运环节，遵循粮食管理"五就近""六分开"的原则，对装卸的临时货位进行合理布局，缩短库内作业车辆倒运距离，以便减少粮食倒运次数，倒运车辆不超高装粮，避免粮食洒落造成运输环节浪费。在粮食烘干清选环节，严格按照烘干技术规范进行操作，控制烘干温度，控制烘干粮食水分，对筛选出的杂质进行二次清选或多次清选，清选出来合格粮食，避免损耗。通过多环节、系统化开展节粮减损工作，有效降低了粮食仓储保管环节损失损耗。

为农解忧强服务，廉政高效树形象

胜丰粮库认真秉承粮食安全与服务并进的宗旨，将企业发展与为农服务紧紧连在一起，大力倡导"满意在农家"，推行"零距离服务"活动。采取主动服务农户的方式，组织企业业务人员走田间、进农家，向农户宣传国家收购政策，为农户收获粮食验水验质，在完成好国家政策性粮食收储任务的同时，积极开展贸易粮购销业务，稳定农户种粮收益，保护区域内广大种植户种粮积极性，解决农户卖粮难题。结合粮食仓储企业自身特点，在规范化管理、风险管控和专业队伍培育方面上下功夫，对企业重点环节查找风险点，严守行业规范底线，全面加强粮食购、储、销及财务日常业务中各项风险防控。通过廉洁自律和高效服务，赢得了农户与售粮客户的信任，农户满意度和种粮效益稳步提高，更充分体现了国有粮食购销企业"稳定器、定盘星"的作用。

关键节点显担当，坚决守护大粮仓

"牢记嘱托，勇担使命"。胜丰粮库发扬粮食人吃苦耐劳、冲锋在前、勇于奉献的精神。2022年11月末，随着全国疫情防控政策的调整，粮库全体职工为了保障2022年度国家政策粮食收购任务的顺利完成，在面对粮食收购时间紧、作业强度高、劳务人员少和感染疫病后体力下降等不利因素时，胜丰人毫无怨言，选择继续坚守保收购，不分昼夜、放弃休息日，接连承担了应急保供、销售出库、收购入库等多重任务。胜丰人不惧风险，甘于付出，帮助指导农户安全有序售粮，加快农户手中余粮销售变现，保障了粮食收购、整理、烘干入仓工作同步推进，按期完成了政策粮收购和验收工作。在平凡的工作岗位上，胜丰人用实际行动履行"位卑不敢忘忧国"的职责本分，在防疫保供的主战场书写了储粮人为国储粮、爱国奋斗的新篇章。

黑龙江农垦胜丰粮库有限责任公司作为祖国最东方边陲国有粮食购销企业，时刻牢记习近平总书记重要指示精神，铭记"保障粮食安全是一个永恒课题，任何时候都不能放松"的论述，传承弘扬"四无粮仓"精神，用"粮食仓储规范化管理"的高标准模式，全方位做好粮食安全的守护者，用实际行动谱写守护粮食安全的新时代赞歌。

"赞大国粮仓守粮人"

国有粮食仓储人，
粮心永向党，粮安永为民！
跟党走，响号召，
勇担当，保粮安，
粮满囤，谷满仓，
全力收储保供应，
立足大基地，
建好米粮仓！
爱岗敬业，企为家，
仓储规范，保粮质，
收购公开，全透明，
助农服务，解民难！
仓储管理不停歇，
科技应用与时进，
节粮减损见成效，
实时保粮不喊苦，
守好中华大粮仓！
奏响时代新凯歌，储粮人在路上，
助力经济大腾飞，
建设秀美大强国，
我们也是一分子——胜丰粮库储粮人！

（作者：任玉福）

项目四　粮油装卸

学习导入

粮油装卸为粮油出入库过程中的重要步骤，清理过的粮油一般使用带式输送机、斗式提升机、移动式吸粮机等机械设备辅助入库作业。在装卸过程中，正确使用相关机械设备，可以有效避免粮食的撒漏、破损等损耗，保证粮食数量和质量，保持粮食入仓整齐、有序，提高工作效率。

项目导学

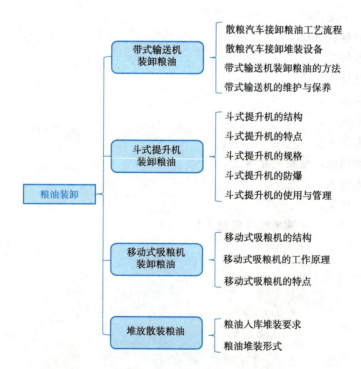

任务一 带式输送机装卸粮油

情景描述

自 2023 年 6 月 18 日起，江苏省连云港市某粮食储备库开始按照计划收储一批 5 000 t 的小麦。7 月 11 日，某粮食经纪人送来一车小麦，经粮库化验室检验，符合入库标准，仓储科安排司磅员对该车小麦的毛重进行了称量，该粮食经纪人将车辆开到指定仓房门前，保管员王某负责核验该车粮食的质量信息和数量信息，将小麦按照预先设定好的流程，进行卸粮入库。请正确使用带式输送机装卸粮油。

学习目标

▷ 知识目标
(1) 了解散粮汽车接卸粮油工艺流程和散粮汽车接卸堆装设备。
(2) 掌握带式输送机装卸粮油的方法和带式输送机的维护与保养。

▷ 能力目标
能按规范操作带式输送机装卸粮油。

▷ 素养目标
培养学生规范操作、安全生产的意识，塑造吃苦耐劳、探索创新的工匠精神。

任务资讯

知识点一 散粮汽车接卸粮油工艺流程

对于散粮汽车入房式仓的工艺流程，要根据粮油的质量情况及仓房的不同做出适当安排，如图 2-4-1 所示。

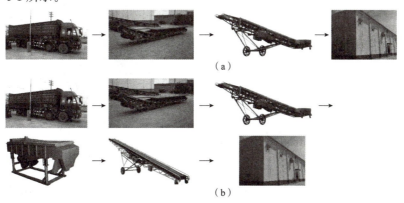

（a）

（b）

图 2-4-1 粮油入房式仓的作业流程

如质量完全合格，可直接卸粮入仓，其基本流程为散粮汽车→卸粮机→带式输送机→粮仓。

如杂质含量较高，则需经过除尘清杂工艺后再入仓，其基本流程为散粮汽车→卸粮机→带式输送机→溜筛（或振动筛等）→带式输送机（或装仓机）→粮仓。

如水分含量较高，则可采取先入仓后就仓干燥，或先烘干降水后再入仓的方式。

知识点二　散粮汽车接卸堆装设备

散粮汽车接卸与堆装使用的机械设备有卸粮机、带式输送机、清理筛和补仓机等。

1. 卸粮机

卸粮机主要用于与输送机配套完成卸车入库任务。卸粮机具有安全可靠、操作方便等特点，可以快速卸粮，提高工作效率，是大型粮库卸车入库使用的主要机械设备。

在使用卸粮机时，只要将散装粮汽车的卸粮口对准卸粮机的上方，打开卸粮口，利用粮油的散落性，即可完成车内大部分粮油的卸车任务，车内剩余小部分粮油可通过人工清理将其清理至卸粮机上，即完成整车粮油的卸车任务，如图 2-4-2 所示。

图 2-4-2　卸粮机

2. 带式输送机

带式输送机是一种连续运输物料的机械，如图 2-4-3 所示。用一根闭合环形输送带作牵引及承载构件，将其绕过并张紧于前、后两个滚筒上，输送带与驱动滚筒间的摩擦力使输送带产生连续运动。输送带与物料间的摩擦力使物料随输送带一起运行，从而完成输送物料的任务。

带式输送机一般由输送带、托辊、滚筒及驱动装置、制动装置、张紧装置、改向装置、装载装置、卸装置载及清扫装置等组成。

根据带式输送机的工作条件、工作要求和被输送物料性质，可将带式输送机分为不同的类型。

（1）按支撑装置的形式，可将带式输送机分为平形托辊输送机和槽形托辊输送机等。

图 2-4-3　带式输送机

（2）按输送带的种类，可将带式输送机分为胶带式输送机、帆布带式输送机、塑料带式输送机和网带式输送机等。粮油仓储企业中使用的带式输送机以胶带式输送机为主。

（3）根据胶带表面形状，可将其分为普通带式输送机和花纹带式输送机。

（4）按输送机机架结构形式，可将带式输送机分为固定式输送机和移动式输送机两大类。另外，也可将其分为托辊输送机和气垫式输送机；还可派生出伸缩式带式输送机、转向式带式输送机、管式带式输送机和波纹挡边式带式输送机等。

在房式仓散装粮油入仓过程中，经常使用的带式输送机包括移动式输送机、转向式带式输送机、移动转向升降式补仓机等，如图 2-4-4 所示。

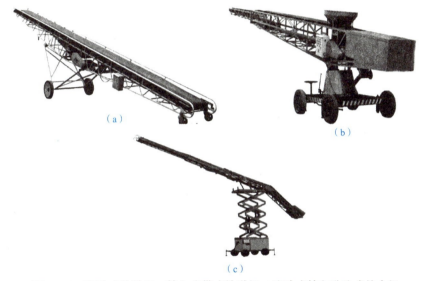

（a）

（b）

（c）

图 2-4-4　移动式输送机、转向式带式输送机、移动式转向升降式补仓机

(a)移动式输送机；(b)转向式带式输送机；(c)移动式转向升降式补仓机

知识点三　带式输送机装卸粮油的方法

（1）使用前要对输送装卸设备进行检查，主要包括以下几点。

①检查卸粮机及带式输送机的传动装置、保护装置、连接装置、滚筒、轴承座等是否有破损、变形、松动等情况，如有，应及时处理。

②检查卸粮机、带式输送机的胶带，消除表面黏附的杂物，如发现胶带表面或接头处有磨损或缺口，应及时修补好，以免扩大。

③检查卸粮机、带式输送机的胶带松紧程度。胶带过松会造成下垂度过大，进而造成物料在胶带上跳动而抛撒，使胶带打滑空转；胶带过紧，会使张力增大，影响胶带强度。

（2）根据落粮点的位置，应做好各机械设备的衔接工作，确定补仓机、带式输送机、卸粮机及散粮汽车的摆放位置。

（3）启动前发出启动信号，信号返回后，空载点动两次、运行一周检查正常后，方可正式启动；正常启动后，检查输送带的拉紧情况，检查输送带是否跑偏或撕裂，检查托辊运转情况，检查电气、检查机械部件温度是否超温或运转声音不正常等现象。

（4）从仓内卸粮端开始，按顺序开启各机械设备，直至仓外的卸粮机空载运转正常后，才能向卸粮机进料。

（5）粮油输送时，向卸粮机均匀送料，要适时抽查监控入仓粮油的质量，若发现不合格粮油应及时停机处理；注意观察粮油接卸及安全运行情况，送料不得忽多忽少，粮油不得大量抛洒。

（6）接到收工命令后，停止进料，待输送带上的粮油全部输送完毕后，从进料端开始，按照由近及远的顺序，逐台关闭输送设备。操作完毕后，对设备进行清理保养，放置在规定的地方，如图2-4-5所示。

图 2-4-5　散粮卸车作业

知识点四　带式输送机的维护与保养

为了使带式输送机在生产使用中达到功率消耗低、机器磨损少、输送效率高、物料无损耗的要求，必须在日常工作中正确操作、维护和保养。

（1）经常检查带式输送机机架是否正直、H架有无倾倒和不稳等现象、连接管有无脱落。

（2）检查胶带接头卡子是否齐全，连接是否牢固，如有缺卡、开口现象，应及时更换；定期更换胶带接头及接头扣的串丝。

（3）检查带式输送机机尾架是否平、直、稳，机尾滚筒是否牢固，有无异物。

（4）检查带式输送机胶带张紧情况，如胶带张紧程度是否合适、张紧装置是否完好，发现有问题时，应及时调整和处理。

（5）随时检查、调整胶带的跑偏问题。

（6）经常检查胶带上、下托辊是否齐全，转动是否灵活，发现转动不灵活或不转托辊时，应及时更换，胶带运转时严禁用手直接拨动运转的托辊。

视频：带式输送机的调试和故障排除

（7）经常检查带式输送机装载点的装载情况，装载一定要在带式输送机正中心，严禁从很大高度直接往胶带上装载。

（8）带式输送机各部位的紧固件、螺栓、螺母、垫圈和背帽应齐全紧固。

（9）带式输送机电气维护工要对所有电气设备做好维护工作，电气设备必须完好，所有电缆吊挂必须整齐，电气设备与带式输送机各种保护装置必须齐全、灵敏、可靠，不得随意拆除。

（10）在进行检修时，输送机的拆卸步骤如下：先拆导料槽、保护罩、传动零件，然后将胶带卸下，再拆上、下托辊和滚筒，清洗和检修拆下的零部件，上油安装。安装步骤与拆卸步骤的顺序相反。安装完毕后，应进行必要的调整，再投产使用。

（11）带式输送机不使用时，应盖上油布，避免日晒夜露和雨淋，防止输送机腐蚀和生锈。若较长时间不使用，应调松胶带，入库保存。

带式输送机装卸粮油

根据本任务"情景描述"中的基本情况，请规范使用带式输送机装卸该批小麦至指定仓房。

任务实施

一、任务分析

带式输送机装卸粮油，需要明确以下问题。

(1)散粮汽车接卸粮油的工艺流程。

(2)散粮汽车接卸堆装设备。

(3)带式输送机装卸粮油的方法。

(4)带式输送机的维护与保养。

二、器材准备

带式输送机、电源插座、扳手等维修工具，包装粮食、安全帽、工作服和工作手套等。

三、操作步骤

(1)检查输送堆装设备的构件完好性、输送带的松紧度。

(2)合理确定各设备的摆放位置。

(3)空载启动，检查并确定各机械设备是否可正常运行。

(4)按照顺序启动并运行各机械设备。

(5)均匀输送粮油，观察粮油质量及安全运行情况。

(6)按照顺序停机，完成装卸输送任务。

(7)清理设备，并放置在规定的地方。

(8)填写机械设备使用记录表。

视频：使用带式
输送机装卸、
输送粮食

四、注意事项

(1)确定补仓机、带式输送机、卸粮机的倾斜角度及散粮汽车的摆放位置，要考虑粮油的散落性。一般来说，带式输送机的倾斜角不应超过35°。

(2)输送机械应空载启动。若有故障，应先排除故障，不得带病工作。

(3)发现机械设备摆放位置不正确时，不得在机械设备运转的情况下移动设备，必须先停机，再调整其位置。

(4)在粮油输送过程中，要适时调整粮油落点位置，或加装布料器，防止或减少粮油自动分级现象。

(5)粮油仓储单位应及时对入库粮油进行整理，使其达到储存安全的要求，并按照不同品种、性质、生产年份、等级、安全水分、食用和非食用等进行分类存放。

(6)在粮油接卸入仓的过程中，根据进度适时铺设机械通风风道、环流熏蒸仪器设备及测温电缆等。

 报告填写

填写仪器设备使用记录表，见表2-4-1。

表2-4-1　仪器设备使用记录表

设备名称		型号/规格	
采购年份		管理人员	

	日期	当次使用时间	操作人员	工作量	设备操作前状态	设备操作后状态
使用 记录						

任务评价

按照表 2-4-2 评价学生工作任务完成情况。

表 2-4-2 带式输送机装卸粮油作业评价表

班级：　　　　　　姓名：　　　　　　学号：　　　　　　成绩：

试题名称		带式输送机装卸粮油作业				考核时间：25 min		
序号	考核内容	考核要点	配分	评分标准		扣分	得分	备注
1	准备工作	安全防护	5	未戴安全帽，未穿工作服，扣 3 分				
		确认仪器设备		未检查确认仪器设备工具，扣 2 分				
2	操作前提	工作前检查、摆放	20	检查输送机构件完好性，错误扣 5 分，不全面扣 3 分				
				检查皮带松紧度，错误扣 5 分				
				未消除胶带表面黏附的杂物、粮食等，扣 5 分				
				未根据落粮点位置确定输送设备的摆放位置，扣 5 分				
		空载点动检查	25	未接电源插座，扣 5 分				
				空载点动前未发出信号，扣 5 分				
				空载点动操作错误，扣 5 分				
				空载启动后检查输送带、托辊及其他机械构件，错误扣 10 分，不全面、不规范扣 5 分				
3	操作过程	开机、输送、停机操作规范	35	开启输送机操作错误，扣 5 分				
				输送机运转未达到正常速度即开始输送粮食，扣 5 分				
				未均匀输送粮食，扣 5 分				
				粮食落点错误，扣 5 分				
				粮食大量抛撒，扣 5 分				
				输送机停机操作错误扣 10 分，不规范扣 5 分				
4	操作结果	粮食输送完毕，顺利停机	10	粮食未输送完毕，扣 5 分				
				未断开电源，扣 5 分				

续表

试题名称		带式输送机装卸粮油作业			考核时间：25 min		
序号	考核内容	考核要点	配分	评分标准	扣分	得分	备注
5	使用工具	熟练规范使用仪器设备	5	仪器设备使用不熟练、不规范，扣2分			
		仪器设备使用维护		仪器设备未清理、归复位，扣3分			
6	安全及其他	按国家法规或有关安全规定操作	—	违规停止操作	—		
		在规定时间内完成操作		超时停止操作	—		
合计			100	总得分			
否定项说明：损坏仪器设备□；违章操作□；发生事故□							

巩固练习

一、填空题

1. 带式输送机依靠输送带与物料间的_____使物料随输送带一起运行，从而完成输送物料的任务。

2. 带式输送机一般由输送带、_____、滚筒及驱动装置、制动装置、张紧装置、改向装置、装载装置、卸装置载及清扫装置等组成。

3. 带式输送机不使用时，应盖_____，避免日晒夜露和雨淋，防止输送机腐蚀和生锈。若较长时间不使用，应_____，入库保存。

二、单选题

1. 散粮汽车接卸与堆装使用的机械设备不包括（　　）。

    A. 卸粮机　　　　　　　　　　B. 带式输送机

    C. 粮油自动扦样器　　　　　　D. 清理筛

2. 下列关于带式输送机维护与保养的说法，不正确的是（　　）。

    A. 带式输送机较长时间不使用时，应调紧胶带，入库保存

    B. 带式输送机不使用时，应盖上油布，防止腐蚀和生锈

    C. 经常检查带式输送机装载点装载情况，装载一定要在带式输送机正中心进行

    D. 安装完毕后，带式输送机应进行必要的调整，然后投产使用

三、多选题

1. 下列关于带式输送机的使用描述，正确的是（　　）。

    A. 一般来说，带式输送机的倾斜角不应超过 35°

    B. 输送机械应空载启动

    C. 在粮油输送过程中，要适时调整粮油落点位置

    D. 若有故障，应先排除故障，不得带病工作

2. 按输送机机架结构形式，可将带式输送机分为(　　)。

　　A. 伸缩式　　　　　B. 转向式　　　　　C. 波纹挡边式　　　　D. 花纹带式

四、判断题

1. 若胶带输送机突然停止运转，应手动拨动运转的托辊。　　　　　　　　(　　)

2. 带式输送机安装完毕后，应进行必要的调整，再投产使用。　　　　　　(　　)

任务二　斗式提升机装卸粮油

情景描述

　　自 2023 年 6 月 25 日起，江苏省无锡市某粮食储备库开始按照计划收储一批 5 000 t 的稻谷。7 月 6 日，某粮食经纪人送来一车稻谷，经粮库化验室检验，符合入库标准，仓储科安排司磅员对该车稻谷的毛重进行了称量，该粮食经纪人将车辆开到指定浅圆仓门前，保管员郭某负责核验该车粮食的质量信息和数量信息，将稻谷按照预先设定好的流程，组织卸车入库。请规范使用斗式提升机进行稻谷的装卸作业。

学习目标

➢ 知识目标

(1)熟悉斗式提升机的结构、工作原理及工作特点。

(2)掌握斗式提升机的防爆方法。

➢ 能力目标

能按规范操作斗式提升机装卸粮油。

➢ 素养目标

(1)养成执行规范、文明生产的仓储业职业道德。

(2)培养吃苦耐劳、认真负责的工作精神。

视频：斗式提升机
的结构和工作原理

任务资讯

知识点一　斗式提升机的结构

　　斗式提升机简称斗提机，是一种垂直或大倾角倾斜向上输送粉状、粒状或小块状物料的连续输送机械。工作时，料斗把物料从下面的储藏中舀起，随着输送带或链提升到顶部，绕过顶轮后向下翻转，斗式提升机将物料倾入接收槽。斗式提升机在我国粮油工业中使用非常广泛。

　　斗式提升机自下而上可分为三部分：下部为机座，包括进料斗、张紧机构和底轮等；中部为机筒，包括牵引构件和承载构件等；上部为机

《粮油机械 斗式
提升机》(GB/T
37519—2019)

头，包括传动机构、止逆机构、卸料管和头轮等，如图 2-4-6 所示。

斗式提升机的牵引构件可以是皮带，也可以是链条。它环绕于头轮和底轮之间，并被张紧装置张紧。在带或链的全长上，每隔一定距离安装一个料斗（承载构件）。为了防止物料的抛撒和灰尘的飞扬，外面用机壳封闭。工作时，传动机构将动力传递给牵引构件，带动料斗运动。在机座内，物料进入运动着的料斗，再被料斗沿机筒向上提升。在机头处，物料经出料斗卸至机外。

知识点二　斗式提升机的特点

斗式提升机的优点是结构简单、紧凑，占地面积小，工作平稳、可靠，提升高度大，产量大，耗用动力少，有良好的密封性等；其缺点是过载敏感，料斗容易磨损，物料容易被破碎，容易引起粉尘爆炸等。有 23% 的粮油立筒库粉尘爆炸事故源于斗式提升机。因此，斗式提升机的防爆问题应该引起足够的重视。

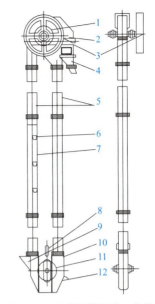

图 2-4-6　斗式提升机的一般结构

1—头轮；2—机头；3—传动轮；4—出料口；
5—机筒；6—畚斗；7—畚斗带；8—张紧装置；
9—进料口；10—机座；11—底轮；12—插板

知识点三　斗式提升机的规格

斗式提升机的规格是以料斗的宽度（mm）来表示的。

目前，国产的胶带斗式提升机的规格有 D160、D250、D350、D450 四种；环链斗式提升机的规格有 HL300、HL400 两种；板链斗式提升机的规格有 BL250、BL350、BL450 三种。大型斗式提升机宽已达 1 200 mm，吞吐量达 1 000 t/h，最大提升高度可达 80 m。

知识点四　斗式提升机的防爆

（1）设置泄爆孔。当压力增大时，池爆孔能自动泄爆降压。泄爆孔多数设置于机头，也可设于机座。泄爆孔是在机壳上开设若干个圆孔，然后盖上特制的橡胶圆盖，当机内压力增大时，橡胶圆盖就被冲开，从而达到泄压、防爆的目的，避免事故发生。

（2）在斗式提升机底轮的轴头上安装速度监控仪。

（3）采用热电偶检查轴承的温度，防止轴承发热而引起粉尘爆炸。

（4）采用塑料料斗，以避免在斗式提升机中产生碰撞火花。用聚丙烯或聚乙烯加 1% 的抗静电剂压制成型。塑料料斗有质量小、耐磨、制造容易、使用寿命长等优点。同时，在使用过程中不会因碰撞而产生火花，在提升粉料时，常在料斗底部钻若干个直径为 6 mm 的小孔，以减小负压，使粉料装料、下料更加顺畅。

（5）装设皮带位移监控仪。皮带位移监控仪是一个压力传感器，用于防止因皮带横向偏移对机侧壁产生挤压、摩擦，以此防止料斗碰撞机壳或损坏料斗带和料斗的事故。

(6)在驱动轮表面加胶衬,以防牵引带打滑。

(7)在进料口或出料口设置吸风管,以降低机内粉尘浓度,避免产生粉尘爆炸。

(8)必须采用防爆电机,其防护等级为 IP54 或 IP55,电动机应具有防尘性能,并能承受溅水或淋水。

知识点五　斗式提升机的使用与管理

斗式提升机的使用应遵循"用前必检查,用中多观察,用后勤养护"的原则。

(1)操作时,必须遵守"无载启动,空载停车"的原则。也就是先开机,待运转正常后,再给料;停车前,应将机内的物料排空。

(2)工作时,进料应均匀,出料管应通畅,以免引起堵塞。如发现堵塞,应立即停止进料并停机,拉开机座插板,排除堵塞物。注意此时不能直接用手或工具伸进底座排除堵塞。

(3)正常工作时,料斗带应在机筒中间位置,如发现有跑偏现象或畚斗带过松而引起料斗与机筒碰撞摩擦,应及时通过张紧装置进行调整。

(4)严防大块异物进入机座,以免打坏料斗,影响斗提机的正常工作。输送没有经初清理的物料时,进料口应加设铁栅网,防止稻草、麦秆、绳子等纤维性杂质进入机座引起缠绕堵塞。

(5)应定期检查提升机料斗带的张紧程度,以及料斗与料斗带的连接是否牢固,如发现松动、脱落、料斗歪斜和破损现象,应及时检修或更换,以免发生更严重的后果。

(6)如发生突然停机的情况,应先将机座内积存的物料排出后再开机。

使用斗式提升机装卸粮油

 工作任务

根据本任务"情景描述"中的基本情况,请规范使用斗式提升机装卸该批稻谷至指定仓房。

 任务实施

一、任务分析

使用斗式提升机装卸粮油,需要明确以下问题。

(1)斗式提升机的结构。

(2)斗式提升机的特点。

(3)斗式提升机的规格。

(4)斗式提升机的防爆。

(5)斗式提升机的使用与管理。

二、器材准备

斗式提升机、电源插座、清理工具、扳手等维修工具,散装粮食、安全帽、工作服和工作手套等。

三、操作步骤

(1)开车前,应做常规检查,即检查紧固件、安全防护及设备润滑情况。

(2)空载启动斗式提升机,先点动,空载运行一段时间,观察其运行正常后,方可正式启动。

视频:使用斗式
提升机装卸粮食

(3)调节进机流量,确保进料均匀、出料畅通。

(4)工作时,应定期检查提升机料斗的张紧程度、料斗与料斗带的连接牢固程度等。

(5)停车时先停料,待机内物料排空后再停机。

四、注意事项

(1)斗式提升机必须空载启动,进料必须均匀,出料管必须畅通。

(2)若发生堵塞,应立即停止进料并停机,将机座上的插板拉开,排出物料(严禁将手伸进去扒粮),直到料斗带能重新运行,再把插板插上,然后再开机进料。

(3)若发现有跑偏现象及料斗带松弛而引起料斗和机筒摩擦,应及时调整张紧装置的螺杆,使其正常运行。

(4)严格防止大块异物落入机座,以免损坏料斗和影响斗式提升机运行。

(5)若发现螺钉松动、脱落及料斗歪斜和破损现象,应及时检修或更换。

(6)若发生突然停机情况,必须先将斗式提升机机座内积存的物料排出后再开机。

 报告填写

填写仪器设备使用记录表,见表2-4-3。

表 2-4-3　仪器设备使用记录表

设备名称			型号/规格		
采购年份			管理人员		
使用记录	日期	当次使用时间	操作人员	工作量	设备操作前状态	设备操作后状态

巩固练习

一、填空题

1.斗式提升机简称斗提机,它是一种垂直或_____输送_____、粒状或小块状物料的连续输送机械。

2.斗式提升机的优点是结构简单、紧凑,_____,工作平稳、可靠,提升高度高,产量大,耗用动力少,有良好的_____等。

3.斗式提升机必须采用_____电动机,其防护等级为 IP54 或 IP55,电动机应具有防尘性能,并能承受溅水或淋水。

二、单选题

1. 下列关于斗式提升机结构的叙述，说法错误的是（　　　）。

　　A. 斗式提升机上部为机头，包括传动机构、止逆机构、卸料管和头轮等

　　B. 斗式提升机中部为机筒，包括牵引构件和承载构件等

　　C. 斗式提升机下部为机座，包括进料斗、止逆机构、张紧机构和底轮等

　　D. 斗式提升机的牵引构件可以是皮带，也可以是链条

2. 下列关于斗式提升机的缺点的叙述，说法错误的是（　　　）。

　　A. 容易引起粉尘爆炸　　　　　　　　B. 料斗容易磨损

　　C. 物料容易被破碎　　　　　　　　　D. 过载不敏感

3. 据统计，有（　　　）的粮油立筒库粉尘爆炸事故源于斗式提升机。

　　A. 23%　　　　　　B. 33%　　　　　　C. 43%　　　　　　D. 53%

三、多选题

1. 斗式提升机简称斗提机，它是一种垂直或大倾角倾斜向上输送（　　　）的连续输送机械。

　　A. 粉状　　　　　　B. 粒状　　　　　　C. 小块状物料　　　D. 大块状物料

2. 下列关于斗式提升机结构的叙述，说法正确的有（　　　）。

　　A. 斗式提升机下部为机座，包括进料斗、张紧机构和底轮等

　　B. 斗式提升机中部为机筒，包括牵引构件和承载构件等

　　C. 斗式提升机上部为机头，包括传动机构、止逆机构、卸料管和头轮等

　　D. 斗式提升机的牵引构件可以是皮带，也可以是链条

四、判断题

1. 斗式提升机的缺点是过载敏感、料斗容易磨损、物料容易被破碎、容易引起粉尘爆炸等。　　　　　　　　　　　　　　　　　　　　　　　　　（　　　）

2. 操作斗式提升机时，必须遵守"无载启动，空载停车"的原则。　（　　　）

3. 斗式提升机的优点是过载敏感，工作平稳、可靠，提升高度高，物料不容易被破碎，不容易引起粉尘爆炸等。　　　　　　　　　　　　　　　　　（　　　）

任务三　移动式吸粮机装卸粮油

情景描述

　　自2023年6月18日起，江苏省连云港市某粮食储备库开始按照计划收储一批5 000 t的小麦。7月11日，某粮食经纪人送来一车小麦，经粮库化验室检验，符合入库标准，仓储科安排司磅员对该车小麦的毛重进行了称量，该粮食经纪人将车辆开到指定仓房门前，保管员王某负责核验该车粮食的质量信息和数量信息，将小麦按照预先设定好的流程进行卸粮入库。请正确使用移动式吸粮机装卸粮油。

学习目标

> **知识目标**
(1)熟悉移动式吸粮机的结构、工作原理及工作特点。
(2)掌握移动式吸粮机的特点。
> **能力目标**
能操作移动式吸粮机装卸粮油。
> **素养目标**
(1)养成执行规范、文明生产的仓储业职业道德。
(2)培养吃苦耐劳、认真负责的工作精神。

任务资讯

知识点一　移动式吸粮机的结构

移动式吸粮机是常见的散粮装卸机械，主要由高压风机、风量调节阀、分离筒、除尘器、闭风器、连接管路、吸嘴和输送管路等部分组成，如图 2-4-7 所示。

图 2-4-7　移动式吸粮机

(1)高压风机：为串联式离心高压风机，主要由风机壳体、叶轮、轴承管和电动机等部件组成，三角带传动。

(2)风量调节阀：由指针、调节片、扭力弹簧、止动簧、表盘和管体等零件组成。指针处于表盘绿色位置表示阀门关闭，处于黄红色位置表示阀门开启。

(3)分离筒：是物料与气流分离的装置，中间设有筛网筒，起到过滤作用。

(4)除尘器：用于进入风机前的空气除尘，可减小风机磨损，延长风机使用寿命。

(5)闭风器：由壳体、闭风器端盖、叶轮、密封胶板等零件组成，叶轮轴输入端装有轻型减速器，由电动机通过三角带传动，带动闭风器叶轮转动。

(6)吸嘴：是该机的喂料装置，在用于单纯吸送，或吸、压混合输送时，可自动将物料吸入，由进料管、外套管等组成。根据输送物料和输送状态，调节进料管与外套管的相对位置，可使物料和空气的混合浓度比为最佳状态。

视频：移动式吸粮机的结构和工作原理

(7)输送管路：输送管路采用铁皮管制成，接口采用扣压式抱箍连接，装拆方便。

(8)行走部分：由机架和行走轮、牵引杆等组成，可短途移动。

知识点二　移动式吸粮机的工作原理

移动式吸粮机工作时，气泵或多级涡轮产生的真空压差，使管内空气急速流动，散粮由吸嘴吸进气力输送系统，使空气和物料一起到达接收地点，经分离器后空气自行散失与物料分离，物料再通过输送机械转运出去，进入粮仓、散粮汽车或散粮火车。移动式吸粮机的垂直、水平输料管都可伸缩。

知识点三 移动式吸粮机的特点

移动式吸粮机优点：①结构简单，造价低，操作方便，使用灵活；②适应性强，清理余粮量较小，工人的劳动强度低；③易与其他运输环节相衔接。

移动式吸粮机缺点：①噪声大；②粉尘大；③能耗大；④效率低。

移动式吸粮机装卸粮油

 工作任务

根据"情景描述"中的任务要求，针对粮油装卸过程可能产生的问题，合理采用机械自动化装备，养成安全规范操作意识，规范使用移动式吸粮机进行粮油的装卸作业。

 任务实施

一、任务分析

移动式吸粮机装卸粮油，需要明确以下问题。

(1)移动式吸粮机的结构。

(2)移动式吸粮机的工作原理。

(3)移动式吸粮机的特点。

视频：移动式吸粮机
装卸粮油

二、器材准备

移动式吸粮机、电源插座、扳手等维修工具，包装粮食、安全帽、工作服和工作手套等。

三、操作步骤

(1)电器按照接地标准接地，否则有触电危险。

(2)点动启动，确定电动机正向旋转。

(3)确定移动式吸粮机没有故障，再按下启动按钮，待电动机运转5～15 s后再按下运转按钮，风机正常运转后再启动闭风器。

(4)暂不装吸粮胶管，对整机进行运行调试。

(5)正常运转后，停机装上吸粮软管、输送管道等。

(6)将吸口调节至进料管全部缩进外套后，呈45°左右插入粮堆，然后观察进料情况并调节吸口进料管和外套相对位置，一般出口物流喷出3 m左右，产量最佳。将吸口的紧固螺栓紧固后进行正常作业。

(7)工作完毕后应将吸嘴提起。机器空转1～2 min后，按下闭风器和风机停止按钮，断开电源，卸下管道将其清理干净后，放到通风避雨的地方。

四、注意事项

(1)运行中风机轴承温升不允许超过 85 ℃，其他轴承温升不允许超过 70 ℃。

(2)运行中应严格检查机器各部件及管路是否漏风，如有漏风处需认真密封。

(3)注意电动机的温升情况，并定期用电流表观察其工作电流是否在电动机额定电流范围之内。

(4)运行中应注意物料中的大块杂物(如砖头、铁块、木块等)，否则吸入机器可能造成闭风器部分损坏。

(5)风门管风量调节阀在出厂时已调整好，在运转中决不允许乱调或将其固定，否则将造成电动机严重超载或烧坏。

 报告填写

填写仪器设备使用记录表，见表 2-4-4。

表 2-4-4　仪器设备使用记录表

设备名称		型号/规格			
采购年份		管理人员			
使用记录	日期	当次使用时间	操作人员	工作量	设备操作前状态	设备操作后状态

巩 固 练 习

一、填空题

1. 移动式吸粮机是常见的散粮装卸机械，主要由_____、_____、分离筒、除尘器、闭风器、连接管路、吸嘴和输送管路等部分组成。

2. 移动式吸粮机工作时，气泵或多级涡轮产生的_____，使管内空气急速流动，散粮由_____吸进气力输送系统，使空气和物料一起到达接收地点，经分离器后空气自行散失与物料分离，物料再通过输送机械转运出去，进入粮仓、散粮汽车或散粮火车。

二、单选题

1. 移动式吸粮机是常见的散粮装卸机械，主要由(　　)、风量调节阀、分离筒、除尘器、闭风器、连接管路、吸嘴和输送管路等部分组成。

　　A. 高压风机　　　B. 排风扇　　　C. 低压风机　　　D. 微风风扇

2. 移动式吸粮机工作时，气泵或多级涡轮产生的真空压差，使管内空气急速流动，散粮由(　　)吸进气力输送系统，使空气和物料一起到达接收地点，经分离器后空气自行散失与物料分离，物料再通过输送机械转运出去，进入粮仓、散粮汽车或散粮火车。

　　A. 进气阀　　　B. 出气口　　　C. 中转站　　　D. 吸嘴

三、多选题

1. 移动式吸粮机是常见的散粮装卸机械，主要由（　　）、闭风器、连接管路、吸嘴和输送管路等部分组成。

  A. 高压风机 B. 风量调节阀 C. 分离筒 D. 除尘器

2. 风机为串联式离心高压风机，主要由（　　）等部件组成，三角带传动。

  A. 风机壳体 B. 叶轮 C. 轴承管 D. 电动机

四、判断题

工作时，气泵或多级涡轮产生的真空压差，使管内空气急速流动，散粮由吸嘴吸进气力输送系统，使空气和物料一起到达接收地点，经分离器后空气自行散失与物料分离，物料再通过输送机械转运出去，进入粮仓、散粮汽车或散粮火车。   （　　）

任务四　堆放散装粮油

情景描述

自 2023 年 6 月 18 日起，江苏省连云港市某粮食储备库开始按照计划收储一批 5 000 t 的小麦。21 号仓房为新建的新型高达平方仓，各种储粮设备配备齐全，8 号仓房为旧式仓房，牢固性及防潮性能较差，请分别使用全仓散装和围包散装的形式堆放小麦，从而达到加强粮油安全、提高储存效率及降低储存成本的目的。

学习目标

▷ **知识目标**

了解粮油入库的堆装要求和堆装形式，掌握全仓散装和围包散装的堆放要求。

▷ **能力目标**

能按规定堆放散装粮油。

▷ **素养目标**

培养学生规范操作、安全生产的意识，塑造吃苦耐劳的工匠精神。

任务资讯

知识点一　粮油入库堆装要求

粮油入库时，应根据仓房类型与性能、粮油品种、质量、用途、存放时期长短及季节等进行合理堆放，以确保储粮安全，达到充分利用仓容，节约仓储费用的目的。

（1）粮油入库时，应按种类、等级、生产年度分开储藏；安全水分、

视频：粮油堆放
基础知识

半安全水分、危险水分的粮油应分开储藏。优质品种、普通品种宜分开储藏。

（2）非食用粮油应单独存放，并有明显标识。

（3）已感染害虫的粮油应单独存放，并根据虫粮等级按规定处理；发现粮油中有我国进境植物检疫性病虫或杂草种子，应立即封存并按国家有关规定处理。

（4）每个粮库宜保留占总仓容10%以上的仓容作为备用仓容。

知识点二　粮油堆装形式

粮油堆放，若以存放场所分类，可分为仓内堆放与露天堆放；若以堆放形式分类，可分为散装堆放和包装堆放，而包装堆放又可分为实垛和通风垛等形式。

1. 全仓散装

此法适用于结构牢固、地坪和仓墙不返潮的仓房。对散装数量大、质量好、常年储藏的干粮及冬季冷冻储藏的潮粮，可直接将粮油靠墙散装，其堆粮高度可根据粮油质量、储藏时间和仓房条件来确定。质量好、储藏时间短、冬季入库的原粮，可堆得高些，但不应超过原仓房设计的堆粮线。全仓散装粮堆示意如图2-4-8所示。

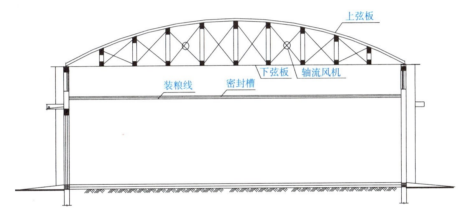

图2-4-8　全仓散装粮堆示意

房式仓大多按全仓散装设计的，墙壁都有防潮层，靠墙处都有装粮线。堆粮高度一般为4~6 m，不得超过防潮层和堆粮线高度。

2. 围包散装

对于结构不牢固、易返潮的仓房，或粮油质量好但数量少及仓房大而储藏粮种多的情况，均可采用围包散装堆放，如图2-4-9所示。

围包散装是用装粮的麻包、编织袋或草包砌成围墙后，将粮油散放在其中的一种堆放形式。它适用于仓墙结构较单薄或无防潮层的仓房。围包大小根据粮油的多少而定。

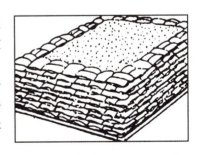

图2-4-9　围仓散装粮堆放示意

围包散装法的优点是可避免因粮油侧压力而发生仓墙倾斜或崩裂，以及粮油受墙壁渗水返潮等的影响；其缺点是积压一部分包装材料，对堆桩操作要求较高，如操作不好，会倒桩，造成事故。

围包散装的堆法有以下几种。

（1）包围一直包宽，每层以一直包、二横包的半非字形连接，层与层之间应注意盘头和骑缝，加强包围的牢固程度。

（2）包围一包半宽，一般由下而上，第1～5层（有的到第6层）采用一包半的宽度（即一横一直的半非形），往上厚度根据粮油品种而定，如大米等第6～10包都是直包，第11～12包已近粮面，侧压力减弱，可改用横包；小麦等自第6包往上应全部用直包；稻谷自第9包以上即可改用横包。围墙粮包要层层骑缝，包包靠紧，逐层收进，形成梯形，以加固包围强度；据经验一般每层收进30～35 mm为宜，以12包高为例，上口约收进400 mm。

3. 围囤散装

利用小囤打围堆放小批量粮油、小品种、小杂粮。具体做法：用芡子围成多个直径为1 m左右且互相靠紧的小型芡囤，以此组成围墙，中间散装储粮。若圆囤增高，则每个圆囤的直径可适当加大。

堆放散装粮油

 工作任务

根据本任务"情景描述"中的基本情况，针对8号和21号仓房，请选择合适的堆放形式堆放散装小麦。

任务实施

一、任务分析

堆放散装粮油，需要明确以下问题。

（1）粮油入库堆装要求。

（2）粮油堆装形式。

二、器材准备

散装粮食、除杂设备、粮面压盖设备、安全帽、工作服和工作手套等。

三、操作步骤

1. 全仓散装

（1）装仓前检查仓房结构的防潮性和仓房建筑的牢固程度，了解装粮线高度。

（2）在入粮过程中应清杂过筛，尽可能减少自动分级现象。

（3）入粮结束后应及时拆除装粮输送线，平整粮面。

（4）根据仓房结构、堆粮高度确定测温点，及时埋入测温电缆或密封压盖粮面。

视频：堆放
散装粮油

2. 围包散装

（1）根据堆粮高度，设计围包大小和包围的宽度。

(2)堆砌一定高度的围包墙。

(3)围包中注入散粮。

四、注意事项

(1)仓内散装时，注意装粮高度不能超过装粮线。

(2)围包时层与层之间应注意盘头和骑缝，加强包围的牢固程度。

(3)全仓散装必须注意仓房建筑的牢固程度，对于包装仓及墙壁单薄的平房仓，不宜采用全仓散装。

巩 固 练 习

一、填空题

1. 粮油入库时，应按_____、等级、生产年度分开储藏；安全水分、半安全水分、_____的粮油应分开储藏。

2. 每个粮库宜保留占总仓容_____%以上的仓容作为备用仓容。

3. 粮油的包装堆放可分为实垛和_____等形式。

二、单选题

1. 下列关于全仓堆放散装粮油说法，不正确的是(   )。

    A. 装仓前需检查仓房结构的防潮性和仓房建筑的牢固程度，了解装粮线高度

    B. 入粮过程中应清杂过筛，尽可能减少自动分级现象

    C. 入粮结束后装粮输送线应保留，以备粮油出库时使用

    D. 根据仓房结构、堆粮高度确定测温点，及时埋入测温电缆或密封压盖粮面

2. 下列粮油的堆放不是以堆放形式分类的是(   )。

    A. 露天堆放   B. 散装堆放   C. 实垛堆放   D. 通风垛堆放

三、判断题

1. 仓内散装堆放时，注意装粮高度不能超过装粮线。   (   )

2. 为了节省空间，非食用粮油可以和使用粮油存放在一起，但应有明显标识。 (   )

3. 以堆放形式分类，粮油堆放可分为仓内堆放与露天堆放。   (   )

【视野窗】

新型粮食出入库安全节能作业设备
中央储备粮龙嘉直属库有限公司

粮食出入仓作业是粮食收储企业生产活动中发生生产安全事故和能耗较高的环节之一。近年来，粮食出入仓作业生产安全事故时有发生，尤其是汽车装卸人员车上坠落、装卸设备下随意穿行砸伤等问题较为突出，给生产作业带来较大的安全隐患。另外，粮食出入仓作业输送机在少物料或空载时，不会自动降低转速或停止运行，既耗电又磨损设备。

我公司针对粮食出入库作业安全管理和降低能耗需求，研发了新型粮食出入库安全节能作业设备，有效降低了粮食出入仓作业生产安全隐患和能耗。具体做法：在挡粮门出粮

口安装"自动出粮口控制设备"(由遥控出粮口和控制系统组成。使用时先把遥控出粮口安装在手动出粮口上,打开手动出粮口,然后人员撤离到安全区域,由操作人员遥控控制出料大小。通过应用挡粮门自动出粮口控制系统,作业工人在安全区域自动控制出粮,避免操作工人在出粮口附近控制出粮时被粮堆埋没)。在装卸车时加装"安全吊索""移动式安全作业通道"(采用 3 mm×5 mm×2 mm 方钢制作主体框架,2.0 mm 冷轧铁板制作拱顶,从而为作业人员提供了安全通道,防止设备垮塌或零部件飞落撞击伤害),并使用安装"智能控制系统"输送机(物料传感器实时监测输送带上物料流量及输送带运行速度,采集信息实时发送给 PLC 控制系统,控制系统根据采集的信息变化,发出指令给电动机变频器,控制电动机转速或启停)。

新型粮食出入库安全节能作业设备获得 4 项实用新型专利授权。应用以来,对比现有粮食出入库作业现场设备发现,此套设备符合粮食出入库安全作业特点,在提升粮食接收和发运效率的同时,消除了作业人员随意在机械下穿行和登车作业的安全隐患,降低了工人作业和安全生产的风险,还通过远程操控作业点设备,最大程度地降低了能耗,实现了自动化管理。此套设备已在中储粮吉林分公司辖区全面推广应用,优势明显,简单易操作,性价比高、综合经济性好,具有很好的推广应用价值。

(作者:景雷、石井峰、丰博、邓玉刚、杨志成、姚向前)

项目五 填写粮油凭证

在粮油出入库作业过程中，应填写粮油入库（出库）凭证和粮油保管记账凭证。其中，粮油入库（出库）凭证包括"入（出）库通知单""入（出）库质量检验单""入（出）库检斤单"等，其是粮油出入库的重要依据。而粮油保管记账凭证是记账人登记粮油保管明细账的依据，反映了企业粮油的进出库和库存变化情况。

项目导学

```
                          ┌─ 填写粮油入库（出库）凭证 ── 粮油入库（出库）凭证的类别
                          │
          填写粮油凭证 ────┤                              ┌─ 粮油保管账
                          │                              │
                          └─ 填写粮油保管记账凭证 ────────┤─ 记账凭证
                                                         │
                                                         └─ 仓储粮油的"一符、三专、四落实"
```

任务一 填写粮油入库（出库）凭证

情景描述

2023 年 7 月 11 日，客户李某送来一汽车小麦，江苏省连云港市某粮食储备库化验室对该批次小麦进行检测，质量符合入库质量标准，经司磅员称量后卸入 125 号仓，在这个过程中，形成了"粮食入库质量检验单""粮食入库数量检斤单"等，其详细记载了粮食仓库粮食流转过程的信息。

学习目标

> **知识目标**

了解粮油入库（出库）凭证的涵盖类别，掌握填写粮油入库（出库）凭证的方法。

➢ **能力目标**

能按规定填写粮油入库(出库)凭证。

➢ **素养目标**

培养学生诚实守信、爱岗敬业、忠于职守的职业素养,树立严谨细致、公平公正、实事求是的职业态度。

 **任务资讯**

知识点　粮油入库(出库)凭证的类别

在不同类别的粮油仓储企业中,粮油入库(出库)凭证格式有所差别,但基本内容大同小异。

粮油入库凭证一般包括"入库通知单""入库质量检验单""入库数量检斤单""入库业务联系单"等;粮油出库凭证一般包括"出库通知单""出库质量检验单""出库数量检斤单""出库业务联系单""发货明细表"等。

 **任务演练**

填写粮油入库(出库)凭证

 工作任务

在粮油出入库作业过程中,应根据实际情况规范、准确、细致、如实地填写入库(出库)凭证,以作为粮油出入库的重要依据。

 任务实施

一、任务分析

填写粮油入库(出库)凭证,需要明确以下问题。

(1)粮油入库凭证的类别。

(2)粮油出库凭证的类别。

二、器材准备

出入库实例资料、出入库凭证、工作服和工作手套等。

三、操作步骤

(1)填写"入库业务联系单"(填写"出库业务联系单"参照执行)。

(2)填写"入库通知单"(填写"出库通知单"参照执行)。

(3)填写"入库质量检验单"(以小麦入库为例,填写"出库质量检验单"参照执行)。

(4)填写"入库数量检斤单"(填写"出库数量检斤单"参照执行)。

(5)填写"发货明细表"。

视频:填写入库
(出库)凭证

四、注意事项

(1)"入库业务联系单"一般一式四联,"入库通知单"一般一式六联,"入库质量检验单"一般一式三联,"入库数量检斤单"一般一式三联,"发货明细表"一般一式六联。粮油出库凭证可参照粮油入库凭证制作,并作适当修改,以适应工作实际。粮油入库(出库)凭证是粮油出入库的重要依据,应交由相关部门妥善保存。

(2)每一项出入库单据,原则上都要写明收货方、出(发)货方和承运方,而且需要说明是执行哪一个合同项下的数量,以便于分客户、分合同进行统计和分类。

(3)阿拉伯数字应按标准书写方式书写,实践上应多加练习。

(4)填写粮油入库(出库)凭证,要求细致、准确、规范,不出差错。

 报告填写

分别填写"入库业务联系单""入库通知单""入库质量检验单""入库数量检斤单""发货明细表",见表 2-5-1～表 2-5-5。

表 2-5-1　入库业务联系单

年　　月　　日

客户名称/合同编号		品名	
质检报告号		发货明细表号	
发货地点		发货仓号	
入库仓号		包数	
入库数量		车(船)号	

收方经手人:

表 2-5-2　入库通知单

年　　月　　日

发货单位/合同编号		填开依据	发货明细表				
发货地点			车号				
通知数			实收数				备注
品名	数量	包数	品名	数量	包数	仓号	

调运员:　　　　　　　　　　　　　　　　　　　　　　　　　仓储管理员:

表 2-5-3　入库质量检验单

编号:　　　　　　　化验时间:　　年　　月　　日　　单位:千克、元、元/千克

客户名称/合同编号		承运人		车船号			联系电话	
身份证号				住址				
粮油品种	等级	水分/%	杂质/%	堆积密度/(g·L^{-1})	不完善粒/%	矿物质/%	扣量/%	单价
化验员:								

表 2-5-4　入库数量检斤单

作业编号：　　　　　　称量时间：　年　月　日　　　单位：千克、元、元/千克

粮油品种/送粮单位/合同编号		单价		进仓号	
毛重			客户名称	
皮重			车船号	
净重		承运人信息	住址	
总扣量			联系电话	
结算质量			身份证号	
备注				

仓储管理员：　　　　　售粮人：　　　　　司磅员：　　　　　复核：

表 2-5-5　发货明细表

发方	发站		收方	单位		运输单位		
	日期	年 月 日		日期	年 月 日	运输工具		
品名	件数	数量/kg	品名	件数	数量/kg	车(船)号		
						随货包装物	品名	
							等级	
							数量	
发方	签章		收方	签章		承运单位	承运方经手人：	
	发方经手人			收方经手人				

巩固练习

填空题

1. 每一项出入库单据，原则上都要写明收货方、出（发）货方和_____，而且需要说明是执行哪一个合同项下的数量，这样便于分客户、分合同进行统计和分类。

2. 粮油入库凭证一般包括"入库通知单""入库_____""入库数量检斤单""入库业务联系单"等。

3. 粮油出库凭证一般包括"出库_____""出库质量检验单""出库业务联系单""出库数量检斤单""发货明细表"等。

任务二　填写粮油保管记账凭证

情景描述

2023 年 7 月 11 日，客户李某送来一汽车小麦，江苏省连云港市某粮食储备库化验室对该批次小麦进行检测，质量符合入库质量标准，经司磅员称量后卸入 125 号仓，在这个过程中，形成了粮食"入库质量检验单""入库数量检斤单"等，同时，也形成了粮油保管记账凭证。粮油保管记账凭证是记账人登记粮油保管明细账的依据，反映了企业粮油的出入库和库存变化情况。

学习目标

➤ **知识目标**

了解粮油保管账、记账凭证的含义和填写的内容及要求，掌握仓储粮油的"一符、三专、四落实"的具体含义。

➤ **能力目标**

能按规定填写粮油保管记账凭证。

➤ **素养目标**

培养学生诚实守信、爱岗敬业、忠于职守的职业素养，树立严谨细致、公平公正、实事求是的职业态度。

任务资讯

知识点一　粮油保管账

粮油保管账反映企业粮油的出入库和库存变化情况。粮油保管账由粮油保管账记账凭证、粮油保管账明细账、粮油保管账总账和粮油保管账记账方法四部分组成。记账人员应定期核对账簿，做到账证相符，账账相符。

知识点二　记账凭证

记账凭证是记账人登记粮油保管明细账的依据，由责任仓仓储管理员制作，由仓储管理部门负责人审核。其主要内容包括业务类别、出入库时间、粮权归属、实际数量、品种和摘要等。

记账凭证的主要指标含义及填写要求如下。

(1)凭证日期：按粮油业务的实际发生时间填写。

(2)摘要：主要记述粮油出入库依据、来源、去向及其他需要特别说明的事项。

(3)业务类别：按入库、出库、损失、损耗和折标分类。

(4)数量：是指该凭证所附计量码单的实际计量数量，或损失损耗的计算数量，或按规定标准的水分杂质折算的数量。

(5)入仓(货位)方式：按人工入仓和机械入仓分类。

(6)损失、损耗：包括实际发生的粮油损失数量、水分杂质减量和自然损耗。损失、损耗应单独制作记账凭证。

(7)水分、杂质：填写实测粮油的水分和杂质含量，按百分数记，保留1位小数。

(8)折标水杂数量：是指根据本货位粮油库存数量和当期的平均水分及杂质，折算成国家(行业、地方)标准规定的水分杂质含量的粮油数量。

知识点三　仓储粮油的"一符、三专、四落实"

国家储备粮与地方储备粮及其他用途的粮油，必须严格分开并单独分仓储存，单独立账，单独统计上报。粮油储藏业务以"一符、三专、四落实""四无粮仓""四无油罐"为中心，并按照国家粮食和物资储备部门公布的技术规范、管理办法等执行。

"一符"是指账实相符；"三专"是指专仓(罐)储存、专人保管、专账记载；"四落实"是指数量落实、质量落实、品种落实和地点落实。

1."一符"

在库存粮油管理中做到保管账、统计账、会计账与实物数量相符，没有擅自动用国家库存粮油现象称为"一符"。保管总账与分仓保管账相符；分仓保管账与粮油储存货位卡相符；粮油货位卡与库存实物相符。

"一符"检查评定的内容如下。

(1)清查账目。清查、核对库(所)内的保管、统计、会计账目和报表是否账账相符，原始凭证与相关账表是否相符。与上一级主管部门的报表、账目核对，逐一核对货位卡片。

(2)清查实物。对库存粮油要分货位或批次，核查库存性质、数量、品种和质量，并与账表对照分别测量和计算是否相符。

2."三专"

"三专"是指专仓(罐)储存、专人保管和专账记载。

储备粮实行专仓挂牌储存，不得与其他性质的粮油混存。储存储备粮的仓房要在醒目处悬挂储备粮专牌，同一库区专牌的悬挂方式要统一，非储存储备粮的仓房不得悬挂储备粮专牌。如需调整储备粮专仓，需报授权单位或部门批准。储备粮应专人保管，实行定编、定岗、定责任、定奖惩的岗位责任制管理。相关人员均应持证上岗。

承储库要建立统一、规范的储备粮保管总账及分仓保管账、储备粮专卡和专卡汇总表。保管账和专卡要准确、及时地反映储备粮的数量、质量及轮换情况。仓房调整、储备粮轮换或数量有变动时，应及时调整保管账和专卡，旧账由承储库存档备查。

3."四落实"

"四落实"是指数量落实、质量落实、品种落实和地点落实。

(1)数量落实。中央储备粮一旦入库，所有权、使用权在国务院；地方储备粮的所有权、使用权在地方各级人民政府。未经国家有关部门批准，任何单位和个人都不得擅自动用。中央储备粮出入库应严格执行中央储备粮出入库管理规定，并及时将粮油出入库情况上报上级单位，以便准确掌握实际库存数量；地方储备粮出入库应严格执行地方储备粮出入库管理规定。

（2）质量落实。收购入库的储备粮必须是达到国家标准中等以上的新粮，储备油必须是国家标准四级以上的新油。储存期间，应按照国家有关规定进行定期质量检测。

（3）品种落实。储备粮的品种一经落实，不得随意变更，必须严格按照国家下达的计划执行。

（4）地点落实。储备粮的储存地点及仓号一经确定，不得随意变动。

填写粮油保管记账凭证

 工作任务

根据粮油出入库的实际情况，规范、准确、细致、如实地填写粮油保管记账凭证。

 任务实施

一、任务分析

填写粮油保管记账凭证，需要明确以下问题。

(1)粮油保管账。

(2)记账凭证。

(3)仓储粮油的"一符、三专、四落实"。

二、器材准备

粮油出入库实例资料、粮油保管记账凭证、工作服和记录笔等。

三、操作步骤

根据粮油入库（或出库、损失、损耗、折标）等实际发生的情况，逐项填写粮油保管账记账凭证。

视频：填写粮油
保管账记账凭证

四、注意事项

(1)粮油保管账记账凭证应在粮油业务发生当日制作。

(2)制作记账凭证时，可将同一天、同一笔业务、同一性质、同一品种、同一等级、同一水分（杂质）、入（出）同一个货位的粮油计量码单或其他原始单据汇总后，制作一份记账凭证，也可逐笔制作记账凭证。

(3)记账凭证按年度从1开始顺序编号。每份粮油保管记账凭证与相关计量码单等原始单据用胶水粘在一起，按月汇总装订，存档期不应少于10年。

(4)书写要细致、准确、规范，不出差错；阿拉伯数字应按标准书写方式书写；不得随意更改原始数据。

报告填写

填写粮油保管记账凭证，见表 2-5-6。

表 2-5-6 粮油保管记账凭证

日期： 年 月 日					凭证编号：		
摘要							附单据（ ）张
货位编号		粮油性质		粮油品种		等级	
水分/%		杂质/%		粮权归属			
业务类别： 1. 入库 2. 出库 3. 损失 4. 损耗 5. 折标					实际数量 /kg		
储存方式		管理方式		入仓(货位)方式			
仓储管理员		审核人			记账人		

巩固练习

一、填空题

1. 在库存粮油管理中做到保管账、统计账、会计账与实物数量相符，没有擅自动用国家库存粮油现象称为"_____"。

2. "三专"是指专仓(罐)储存、_____和专账记载。

3. "四落实"是指数量落实、_____、品种落实和地点落实。

二、单选题

1. 粮油保管账不能反映企业粮油的( )。

    A. 进出库情况   B. 库存变化情况

    C. 进出库粮油品种   D. 库存粮油的去向

2. 仓储粮油的"一符"指的是( )。

    A. 品种相符   B. 数量相符   C. 品质相符   D. 账实相符

3. 下列不属于仓储粮油的"四落实"的是( )。

    A. 数量落实   B. 人员落实   C. 质量落实   D. 地点落实

三、多选题

1. 仓储粮油的"三专"包括( )。

    A. 专仓(罐)储存   B. 专人保管   C. 专账记载   D. 专车运输

2. 仓储粮油的"四落实"包括( )。

    A. 数量落实   B. 人员落实   C. 质量落实   D. 地点落实

四、判断题

1. 每份粮油保管记账凭证与相关计量码单等原始单据用胶水粘在一起，按月汇总装订，存档期不应少于 10 年。 ( )

2. 仓储粮油的"四落实"指的是数量落实、质量落实、品种落实和地点落实。 ( )

【视野窗】

践行大食物观需做好加减法

国以民为本，民以食为天。2023 年世界粮食日及全国粮食安全宣传周，强调"践行大食物观　保障粮食安全"主题，符合人民群众从"吃得饱"向"吃得好"转变的要求。老百姓食物需求的多样化要求各方转变观念，树立大农业观、大食物观，加速构建多元化食物供给体系，在确保中国人的饭碗牢牢端在自己手中的同时，保障肉类、蔬菜、水果、水产品等各类食物有效供给。

悠悠万事，吃饭为大。践行大食物观，要牢记粮食安全这一"国之大者"，确保"口粮绝对安全、谷物基本自给"。农田就是农田，只能做"加法"，不能做"减法"，只能用来发展种植业特别是粮食生产；永久基本农田要重点用于粮食生产，高标准农田原则上要全部用于粮食生产。一些地方大量的良田要么建养殖场，要么种花卉果木，这种"非粮化"必须遏制。

大食物观、大农业观要与大资源观、大生态观协调。粮食安全、生态安全、食品安全三位一体，耕地保护红线、生态保护红线都要坚守，绝不能拆东墙补西墙。要立足人多地少的基本国情，适应食物结构升级、消费多样化需求，面向整个国土资源要食物要蛋白，归根到底要靠绿水青山、江河湖海，必须牢固树立"绿水青山就是金山银山"理念，要从每一分耕地、每一块林草、每一片湖海保护利用开始，多做绣花功夫的"加法"，少搞"大开发""大开荒"。

践行大食物观离不开"小种子"。我国主要作物种子自给自足，是粮食安全底气之一。党的二十大报告中强调，"全方位夯实粮食安全根基""实施生物多样性保护重大工程"。我们要为扭转生物多样性加剧丧失趋势而努力，建设好中国的"种子银行"，存储物种遗传密码，守卫人类粮食安全底线和生物资源开发根基。还要在确保生物安全基础上，开展基因功能及基因遗传多样性研究开发，在生态系统、物种、基因等层次开展种子科技攻关，实现藏粮于技。

践行大食物观，要做好"减法"。肉蛋奶、果菜鱼、菌菇笋，样样生之不易，全社会要大兴节约食物、反对浪费的风气，相关部门要从健康、节约角度引导公众形成科学合理的膳食结构，把森林草原、江河湖海馈赠的食物、植物动物微生物提供的热量、蛋白用足用好用精，尊重绿水青山，珍惜劳动果实。

——来源：新华社

项目六　粮油扦样

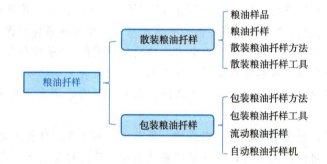

学习导入

　　在粮油出入库过程中，为了保证出入库的粮油质量，需要对粮油进行扦样检验。在粮食储存期间，为了把控粮食的质量，保障粮食安全储存，同样需要对库存粮油进行扦样检验。通过对粮油扦样的学习，培养严谨科学的工作态度和"粮安天下"的家国情怀，掌握对散装和包装粮油扦样的操作方法。

项目导学

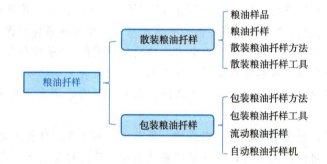

任务一　散装粮油扦样

情景描述

　　2024年4月2日，安徽省阜阳市中央储备粮某直属库2号仓按照计划进行常规粮情检查。2号仓是高大平房仓，宽24 m、长56 m、高6 m，檐口到屋脊的距离为3.5 m，仓内堆粮高度为5 m，粮面平整，储存散装二等白色硬质小麦5 000 t，入库时间是2023年6月。现在要对其进行扦样，以检测其储存品质，检验科白科长布置了任务，请对高大平房仓的小麦进行扦样操作。

学习目标

➤ **知识目标**

了解样品的定义、分类，掌握粮油扦样的概念、散装粮油的扦样方法及工具。

➤ **能力目标**

能按规定对出入库的散装粮油进行扦样。

➤ **素养目标**

培养学生规范操作、团结协作的职业素养，锻炼学生的动手能力，塑造吃苦耐劳、严谨细致的工匠精神。

任务资讯

知识点一　粮油样品

粮油样品是从一批待检验的粮油中采集的，能代表本批受检粮油质量的部分。粮油样品是检验工作的对象，是决定本批受检粮油质量的主要依据，因此，粮油样品必须具有代表性。

粮油检验用样品依据其采集、缩分和用途的不同，可分为原始样品、平均样品、试验样品和保留样品 4 类。

原始样品是从一批受检粮油中按规定方法取得的样品，其质量一般不小于 2 kg（储备粮或其他目的检验取样量依其特殊规定）。原始样品按规定方法混合均匀后的样品称为平均样品，作为品质全面检验所用，其质量一般不小于 1 kg。试验样品是从平均样品分取或称取的，作为某一项目检验用的样品，其质量依检验项目的不同而不同。保留样品是从平均样品中分取的，作为品质复验所用的样品，其质量不应小于 1 kg。

知识点二　粮油扦样

从一批粮油中扦取原始样品的过程称为扦样。

（1）单位代表数量。扦样时以同种类、同批次、同等级、同货位、同车船（舱）为一个检验单位。一个检验单位的代表质量：中、小粒粮油一般不超过 200 t，特大粒粮油一般不超过 50 t。

（2）扦样方法。粮油的扦样方法，因不同储存方式而有所不同，可分为散装扦样法、包装扦样法、流动粮油扦样法、零星收付粮油取样法和植物油脂扦样方法等。

《政府储备粮油质量检查扦样检验管理办法》（国粮标规〔2023〕60 号）

知识点三　散装粮油扦样方法

1. 平房仓扦样

散装粮油根据堆形和面积大小分区设点，按粮堆高度分层扦样。扦样步骤及方法如下。

（1）分区设点。每区面积不超过 50 m²。各区设中心、四角 5 个点。区数在两个和两个以上的，两区界线上的 2 个点为共同点（2 个区共 8 个点，3 个区共 11 个点，依此类推），如图 2-6-1 所示。粮堆边缘的点设在距离边缘约 0.5 m 处。

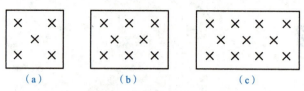

图 2-6-1 分区设点示意

(a)一区 5 点；(b)二区 8 点；(c)三区 11 点

《政府储备粮油质量检查扦样检验管理办法》(国粮标规〔2023〕60 号)中规定，对于粮面面积较大的仓房，按 200～350 m² 分区，分区数量较多时，可按仓房走向由南至北、由东至西的顺序分布，粮堆边缘的点设在距离边缘 0.5～1 m 处。

(2)分层。堆高在 2 m 以下时，分上、下两层；堆高在 2～3 m 时，分上、中、下三层，上层在粮面下 100～200 mm 处，中层在粮堆中间，下层在距离底部 200 mm 处；堆高如在 3～5 m 时，应分 4 层；堆高在 5 m 以上时，酌情增加层次。

(3)扦样。按区按点、先上后下，逐层扦样。各点扦样数量一致。

(4)散装的特大粒粮油(花生果、大蚕豆、甘薯片等)。采取扒堆的方法，参照"分区设点"的原则，在若干个点的粮面下 100～200 mm 处，不加挑选地用取样铲取出具有代表性的样品。

2. 圆仓(囤)扦样

按圆仓的高度分层，分层方法同仓房扦样。

每层按圆仓(囤)直径分内(中心)、中(半径 1/2 处)、外(距离仓边缘 30 cm 左右)3 圈，如图 2-6-2 所示。圆仓(囤)直径在 8 m 以下的，每层按内、中、外分别设 1、2、4 共 7 个点[图 2-6-2(a)]。直径在 8 m 以上的，每层按内、中、外分别设 1、4、8 共 13 个点[图 2-6-2(b)]。

按层、按点先上后下逐层扦样，各点扦样数量一致。

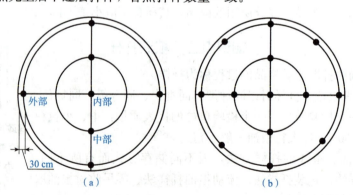

图 2-6-2 圆仓(囤)扦样设点示意

知识点四 散装粮油扦样工具

1. 粮油扦样器

粮油扦样器分为散装和包装两类。散装粮扦样器又可分为三种——细套管扦样器、粗套管扦样器和电动吸式扦样器，如图 2-6-3、图 2-6-4 所示。

(1)细套管扦样器：分全长为 1 m、2 m 的两种，口宽约 15 mm，头长约 70 mm，外

图 2-6-3　双套管扦样器

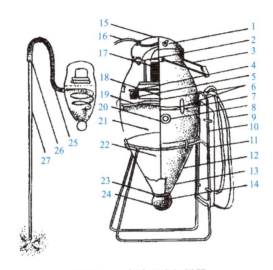

图 2-6-4　电动吸式扦样器

1—电源开关；2—电机固定架；3—提把；4—风机架；5—风机垫圈；6—壳垫圈；7—拉扣；8—进料口；9—背带；
10—背板；11—支架；12—壳体；13—拉簧；14—堵头轴；15—排风口；16—电线；17—电动机；18—风机；
19—滤网；20—接口；21—分离室；22—容器；23—堵头；24—橡皮球头；25—软导管；26—接头；27—直导管

径约 22 mm。

(2)粗套管扦样器：分全长为 1 m、2 m 的两种，有 3 个孔，每个孔口长约 150 mm，口宽约 18 mm，头长约 70 mm，外径约为 28 mm。

套管式扦样器是由两根金属管套制而成，内、外两管均切开位置相同的槽口(样槽)三处，转动内管可使槽口打开或关闭。扦样时，转动内管使槽口关闭，将扦样器倾斜地插入粮堆，打开槽口抽动器身，待样品装满样槽后，关闭槽口，抽出扦样器，水平地放置于承接布上，打开槽口，放出样品，随即检查各样点的质量情况，然后置于样品容器内。

(3)电动吸式扦样器：由吸粮管、软导管、进料口、进风口、高压风机和电动机等部件组成，如图 2-6-4 所示。电动吸式扦样器主要用于深层粮油的扦样和流动粮油的取样，或倒、拆包取样，但不适用于杂质检验项目的样品扦样。

2. 样品容器

用于盛装粮油样品的容器应具备以下条件：密闭性能良好，清洁无虫，不漏、不污染，其容量以约 1 kg 为宜。常用的样品容器有样品筒(由马口铁制成圆筒形，具密闭的盖和提手、样品瓶(具磨口塞的广口瓶)、样品袋等。

一批粮油的成分往往是不均匀的，因此，必须严格遵照规定采取足够的样品数量，以保证扦取的样品具有代表性。

3. 样品登记簿

为了掌握样品来源的基本情况，作为准备品质检验和作为下一次扦样时的参考资料，扦取的样品必须进行登记。登记的项目包括扦样日期、样品编号、粮油名称、代表数量、生产年度、扦样处所(车、船、仓库、堆垛号码)、包装或散装和扦样员姓名等。

扦取好的样品应尽快送至实验室，如果某个扦样阶段需要很长时间，则应将样品保存在气密容器内，防止成分的逸散或其他物质的污染，改变样品的品质，使样品失去代表性。

散装粮油扦样

 工作任务

请根据本任务"情景描述"中仓房的基本情况，确定散装粮油扦样点，规范使用相应的扦样工具对设置的各扦样点进行扦样，培养吃苦耐劳、严谨细致的工作态度。

 任务实施

一、任务分析

散装粮油扦样，需要明确以下问题。
(1)粮油样品的概念。
(2)粮油扦样的定义。
(3)散装粮油扦样的方法。
(4)散装粮油扦样的工具。

二、器材准备

粮仓、扦样器、卷尺、样品袋、工作服和工作手套等。

三、操作步骤

(1)按照相关标准分区、分层布置散装粮油扦样点。
(2)使用散装粮扦样器在各粮油扦样点扦取粮油样品。
(3)将扦取的粮油样品及时放入样品容器中封存。
(4)做好粮油样品的信息登记。

视频：散装
粮油扦样

四、注意事项

(1)基于粮油质量检验要求扦取的样品务必具有代表性。
(2)对于储粮安全检查等特殊目的取样，应结合具体情况，灵活掌握，可重点在粮仓边缘、底部、表面增加检测点。
(3)应保证所有的扦样器具清洁、干燥、无异味。
(4)扦取粮油样品时，各点(每桶、包)扦样数量应该一致。
(5)扦样时，务必做到保护样品，所有扦样操作应在较短时间内完成，以避免样品的组分发生变化。
(6)电动吸式扦样器不适用于杂质检验。

报告填写

填写扦样登记信息表，见表 2-6-1。

表 2-6-1　扦样登记信息表

扦样时间：　　　　　　　　　　　　　　　　　　　　　　　　　　　扦样人：

扦样点设置	
扦样工具	
样品信息	

 任务评价

按照表 2-6-2 评价学生工作任务完成情况。

表 2-6-2　散装粮油扦样操作评价表

班级：　　　　　　　姓名：　　　　　　　学号：　　　　　　　成绩：

试题名称			散装粮油扦样			考核时间：25 min		
序号	考核内容	考核要点	配分		评分标准	扣分	得分	备注
1	准备工作	安全防护	5		未穿工作服，扣 3 分			
		准备扦样器、卷尺			未检查扦样器、卷尺和样品容器，扣 2 分			
2	操作前提	测量粮堆尺寸	10		测量粮堆尺寸错误，扣 10 分			
3	操作过程	操作步骤正确	60		未分区设点或分区设点错误，扣 10 分			
					未分层设点或分层设点错误，扣 10 分			
					未按照先上后下逐层的顺序扦样，扣 10 分			
					扦样器操作方法错误，扣 10 分，不规范，扣 5 分			
					未对所有扦样点扦样，扣 10 分			
					各点扦样数量明显不一致，扣 10 分			

续表

试题名称		散装粮油扦样			考核时间：25 min		
序号	考核内容	考核要点	配分	评分标准	扣分	得分	备注
4	操作结果	正确扦取散装粮样品	15	样品未及时装入样品袋（样品桶）密封，扣5分			
				样品明显抛撒，扣5分			
				登记样品信息错误，扣5分，不完全、不规范，扣3分			
5	使用工具	熟练规范使用仪器设备	10	仪器设备使用不规范、不熟练，扣5分			
		仪器设备使用维护		样品未放置在指定位置，扣2分			
				仪器设备未清理、归复位，扣3分			
6	安全及其他	按国家法规或有关安全规定操作	—	违规停止操作			
		在规定时间内完成操作		超时停止操作		—	
合计			100	总得分			
否定项说明：损坏仪器设备□；违章操作□；发生事故□							

巩固练习

一、填空题

1. 样品是检验工作的对象，是决定本批受检粮油质量的主要依据，因此，样品必须具有_____。

2. 散装的粮油根据堆形和面积大小_____，按粮堆高度_____。

3. 电动吸式扦样器主要用于_____的扦样和_____的取样或倒包、拆包取样，但不适于杂质检验项目的样品扦样。

二、单选题

1. 依据采集、缩分和用途的不同，粮油检验用样品可分为四类，下列不属于其中的是（　　）。

   A. 原始样品　　　B. 平均样品　　　C. 保留样品　　　D. 废弃样品

2. 堆高在2～3 m的平房仓扦样时应分（　　）。

   A. 上、下两层　　　　　　　　　B. 上、中、下三层

   C. 平均分为四层　　　　　　　　D. 上、中上、中、中下、下五层

3. 下列关于样品登记的相关描述，说法不正确的是（　　）。

   A. 样品登记可作为准备品质检验和作为下一次扦样时的参考资料

   B. 样品登记有助于掌握样品来源的基本情况

   C. 小批量的样品可不做登记

   D. 样品登记的项目包括扦样日期、粮油名称、代表数量、包装或散装等

三、多选题

1.粮油检验用样品，依据其采集、缩分和用途的不同，可分为(　　)。

    A.原始样品　　　　　　　　　B.平均样品

    C.试验样品　　　　　　　　　D.保留样品

2.散装粮扦样器可分为(　　)。

    A.细套管扦样器　　　　　　　B.粗套管扦样器

    C.电动吸式扦样器　　　　　　D.大粒粮扦样器

四、判断题

1.试验样品是从平均样品分取或称取的，作为某一项目检验用的样品。　　(　　)

2.从一批粮油中扦取试验样品的过程称为扦样。　　(　　)

3.扦取好的样品应尽快送至实验室，以防止成分的逸散或污染，使样品失去代表性。

(　　)

任务二　包装粮油扦样

情景描述 📺

2013年6月5日，安徽省阜阳市中央储备粮某直属库按计划进行收粮作业。一辆卡车运来56袋小麦，等待入库，需要对该包装小麦进行扦样，以检测其品质，化验室的张科长布置了任务，请正确使用扦样器扦取小麦样品。

学习目标 🎯

➤知识目标

了解流动粮油扦样、自动粮油扦样机的工作流程，掌握包装粮油的扦样方法及工具。

➤能力目标

能按规定对出入库的包装粮油进行扦样。

➤素养目标

培养学生规范操作、团结协作的职业素养，锻炼学生的动手能力，塑造吃苦耐劳、严谨细致的工匠精神。

任务资讯 📺

知识点一　包装粮油扦样方法

(1)中、小粒粮和油料扦样包数不少于总包数的5%，小麦粉扦样包数不少于总包数的3%。扦样的包点要分布均匀。扦样时，用包装扦样器槽口向下，从包的一端斜对角插入包的另一端，然后槽口向上取出。每包扦样次数一致。

(2)特大粒粮和油料(如花生果、仁、葵花子、蓖麻籽、大蚕豆、甘薯片等)取样包数：200包以下的，取样不少于10包；200包以上的，每增加100包增取1包。

①取样：采取倒包和拆包相结合的方法。取样比例：倒包按规定取样包数的20%，拆包按规定取样包数的80%。

②倒包：先将取样包放在洁净的塑料布或地面上，拆去包口缝线，缓慢地放倒，双手紧握袋底两角，提起约500 mm高，拖倒约1.5 m全部倒出后，从相当于袋的中部和底部用取样铲取出样品。每包、每点取样数量一致。

③拆包：将袋口缝线拆开3～5针，用取样铲从上部取出所需样品，每包取样数量一致。

知识点二　包装粮油扦样工具

(1)包装粮油扦样器可分为三种，即大粒粮扦样器、中小粒粮扦样器和粉状粮扦样器。如图2-6-5所示。

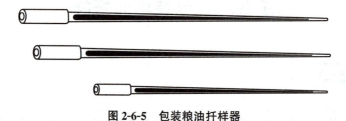

图2-6-5　包装粮油扦样器

①大粒粮扦样器：全长为750 mm，探口长550 mm，口宽15～18 mm，头分尖形或鸭嘴形，最大外径为17～22 mm。

②中小粒粮扦样器：全长为700 mm，探口长450 mm，口宽约10 mm，头尖形，最大外径为15 mm。

③粉状粮扦样器：全长约为550 mm，探口长约350 mm，口宽6～7 mm，头尖形，最大外径约为10 mm。

(2)样品容器、样品登记簿与散装粮油扦样相同。

知识点三　流动粮油扦样

机械输送粮油的取样，先按受检粮油的数量和传送时间，确定取样次数和每次应取的数量，然后在流动粮油流的终点定时定量扦样。

流动粮油的扦样或倒包扦样，器具为扦样铲。

知识点四　自动粮油扦样机

自动粮油扦样机主要由塔架、悬臂、旋转机构、转向电动机、扦样车、扦样器、控制柜、料筒、风机等组成，如图2-6-6所示。其专门用于车载包装粮油、散粮无盖运输车的自动扦样。

自动粮油扦样机可实施任意深度、任意点位的均匀、快速扦样，扦取的样品通过吸粮管自动传至分样筒，可弥补人工扦样费时、费力和个别点位难以扦取的不足，以及减小人工操作的误差。

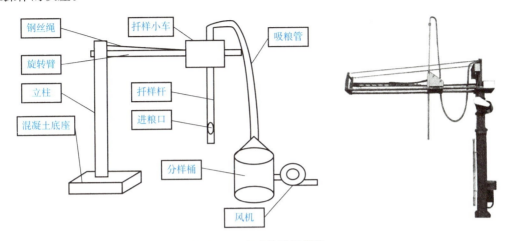

图 2-6-6　自动粮油扦样机

包装粮油扦样

工作任务

请根据本任务"情景描述"中的基本情况，对包装小麦选择合适的扦样工具进行扦样，培养吃苦耐劳、严谨细致的工作态度。

任务实施

一、任务分析

包装粮油扦样，需要明确以下问题。

(1)包装粮油扦样方法。

(2)包装粮油扦样工具。

(3)流动粮油扦样。

(4)自动粮油扦样机。

二、器材准备

包装粮、扦样器、样品袋、工作服和工作手套等。

三、操作步骤

(1)按照相关标准分区、分层布置散装粮油扦样点。

(2)使用散装粮扦样器在各粮油扦样点扦取粮油样品。

(3)将扦取的粮油样品及时放入样品容器中封存。

(4)做好粮油样品的信息登记。

视频：包装粮油扦样

四、注意事项

(1)基于粮油质量检验要求扦取的样品务必具有代表性。

(2)对于储粮安全检查等特殊目的取样，应结合具体情况，灵活掌握，可重点在粮仓边缘、底部、表面增加检测点。

(3)应保证所有的扦样器具清洁、干燥、无异味。

(4)扦取粮油样品时，各点(每桶、包)扦样数量应该一致。

(5)扦样时，务必做到保护样品，所有扦样操作应在较短时间内完成，以避免样品的组分发生变化。

(6)电动吸式扦样器不适用于杂质检验。

 报告填写

填写扦样登记信息表，见表2-6-3。

表2-6-3　扦样登记信息表

扦样时间：　　　　　　　　　　　　　　　　　　　　　　　　　　　　　扦样人：

扦样点设置	
扦样工具	
样品信息	

巩固练习

一、填空题

1. 包装粮油扦样的包点要_____，每包扦样次数一致。

2. 特大粒粮和油料取样时采取_____与拆包相结合的方法。

3. 在倒包取样时双手紧握袋底两角，提起约500 mm高，拖倒约1.5 m全部倒出后，从相当于袋的_____和底部用取样铲取出样品。

二、单选题

1. 包装粮扦样时，若是小麦粉则扦样包数不少于总包数的(　　　)%。

   A. 3　　　　　　　　B. 5　　　　　　　　C. 6　　　　　　　　D. 10

2. 下列不属于包装粮油扦样工具的是(　　　)。

   A. 大粒粮扦样器　　B. 中小粮扦样器　　C. 粉状粮扦样器　　D. 扦样铲

3. 下列不是自动粮油扦样机优点的是( )。

    A. 可实施任意深度、任意点位的扦样

    B. 扦样均匀、快速

    C. 省时省力

    D. 误差较大

三、多选题

下列属于自动粮油扦样机优点的有( )。

    A. 可实施任意深度、任意点位的扦样

    B. 扦样均匀、快速

    C. 省时省力

    D. 误差小

四、判断题

1. 对于包装粮油，中小粒粮和油料扦样包数不少于总包数的 5%。 ( )

2. 自动粮油扦样机可弥补人工扦样费时、费力和个别点位难以扦取的不足。 ( )

【视野窗】

    为保护粮食生产者的积极性，维护粮食经营者和消费者的合法权益，加强粮食流通质量安全监督管理，保障国家粮食质量安全，国家发展改革委公布了修订后的《粮食质量安全监管办法》(国家发展改革委令 2023 年第 4 号)，自 2023 年 10 月 1 日起施行。

    《粮食质量安全监管办法》(国家发展改革委令 2016 年第 42 号)自 2016 年实施以来，在加强粮食经营质量安全管理、规范粮食检验监测行为、保障粮食质量安全方面发挥了重要作用，有效服务保障了国家粮食安全。

    党的十八大以来，习近平总书记多次就保障国家粮食安全作出重要指示批示，2021 年公布的《粮食流通管理条例》也对加强粮食质量安全监管作出了新规定。为了深入贯彻习近平总书记重要指示批示精神和党的二十大精神，认真落实《粮食流通管理条例》相关规定，坚持问题导向，强化粮食质量安全风险监测工作，进一步规范扦样、检验工作，严格收购环节管理要求，加强粮食检验监测体系和能力建设，夯实粮食质量安全主体责任、落实属地责任、压实监管职责等，国家粮食和物资储备局对原《粮食质量安全监管办法》进行了修订。

《粮食质量安全监管办法》(国家发展改革委令 2016 年第 42 号)

项目七　粮油出入库信息化管理

学习导入

在粮油出入库作业中，涉及众多报表账目的登记、质量检测数据的录入等工作。人工登记容易出现记录错误或出入库物料质量不一致等问题，这些缺陷将带来严重的安全隐患。操作人员业务熟练程度不齐，一旦信息登记错误，就会导致实际库存与台账记录存在差异、入库前后粮油质量不一等问题。而计算机技术的应用可以打通各部门信息壁垒，形成人机协同的作业方式，加强粮油出入库时的信息记录与质量把控，为粮油出入库作业提质增效。

项目导学 🎯

		使用计算机辅助粮油入库作业功能
粮油出入库信息化管理	使用计算机辅助粮油出入库作业	
		使用计算机辅助粮油出库作业功能

任务　使用计算机辅助粮油出入库作业

情景描述 📲

计算机计数在粮油出入库作业中的应用实现了数据在网络内运行、传递，数据资源一次录入，其他相关部门均可共享。有效解决了粮油出入库业务中质检、仓储、财务、贸易等部门多头手工开票，每日手工码单统计工作烦琐的问题，避免了售粮人员手中持票多、易丢失或涂改而给单位造成不必要的损失，同时，实现了财务统计数据查询的方便、迅捷。

学习目标 🎯

➢ **知识目标**
掌握粮库出入粮程序、模块的主要内容。

➢ **能力目标**

能使用计算机辅助粮油出入库作业。

➢ **素养目标**

(1)培养学生在实际工作中利用计算机作业的信息素养。

(2)增强学生对科技兴粮、科技兴储、智慧粮库及现代化粮库的理解和认识。

 任务资讯

知识点一　使用计算机辅助粮油入库作业功能

仓库入粮程序一般包括质检模块、计量模块、仓储模块、查询统计模块、财务模块和数据维护模块六个模块。

按照系统的要求操作，可实现入库报港登记、安排储粮仓房、来粮称重、调出查看入库过程和入库结算等工作。

知识点二　使用计算机辅助粮油出库作业功能

按照系统的要求操作，可实现出库粮油预收、出库计划、出库报港、出库粮油称重、出库粮油结算、粮库发收数量明细查询及出库作业流水账查询。

任务演练

子任务一　使用计算机辅助粮油入库作业

 工作任务

通过使用计算机辅助粮油入库作业，培养严谨细致、求真务实的工作态度，掌握使用计算机辅助粮油入库作业的流程和主要内容。

 任务实施

一、任务分析

使用计算机辅助粮油入库作业，需要明确以下问题。

(1)仓库入粮程序的模块内容。

(2)使用计算机辅助粮油入库作业功能。

二、器材准备

计算机辅助粮油入库系统、运粮车、输送器械、电子汽车衡、记录表、工作服、工作手套和记录笔等。

三、操作步骤

(1)按要求完成相关入库车船的登记，把化验后的质量指标输入计算机。

(2)根据得到的质量情况，结合当地本身的仓房剩余情况和储粮性能的不同，选择合适的仓房。

(3)完成相关车船的称重，录入来粮质量，仔细填入每一次的毛重、皮重和净重等数据。

(4)查看入库流水账页面，查找有无发生差错。

(5)完成来粮的结算。

四、注意事项

(1)打印入库的检验单需要一式三份，一份留存做档案，另外一份交给售粮单位，最后一份自留。

(2)使用前，应对所有联网的计算机进行相关测试，查看是否运转正常和连接局域网正确。

子任务二　使用计算机辅助粮油出库作业

 工作任务

通过使用计算机辅助粮油出库作业，培养严谨细致、求真务实的工作态度，掌握使用计算机辅助粮油出库作业的流程和主要内容。

 任务实施

一、任务分析

使用计算机辅助粮油出库作业，需要明确以下问题。

(1)使用计算机辅助粮油出库作业功能。

(2)使用计算机辅助粮油出库作业流程。

二、器材准备

计算机辅助粮油出库系统、运粮车、输送器械、电子汽车衡、记录表、工作服、工作手套和记录笔等。

三、操作步骤

(1)接收出库粮油的预付款，确认相关单位和金额无误，填写预付款单。

(2)制订相应的出库计划，确定出库仓房号码、出库粮油种类和数量。

(3)按要求完成相关的出库粮油的报港登记，把化验后的质量指标输入计算机。

(4)完成相关出库粮油的称重，仔细填入每一次的毛重、皮重和净重等数据。

(5)完成出库粮油的结算。

四、注意事项

(1)打印出库的检验单需要一式四份，一份留存做档案，一份交予客户，一份交予业务部门，最后一份给财务部门。

(2)各用户(如财务、检验、司磅员)只能凭借管理员所设定的不同权限和密码，进入相应的界面模块进行操作。

巩固练习

一、填空题

1. 仓库计算机辅助入粮程序一般包括_____、_____、仓储模块、查询统计模块、财务模块和数据维护模块六个模块。

2. 按照计算机辅助粮油入库系统的要求操作，可实现_____、安排储粮仓房、来粮称重、调出查看入库过程、入库结算等工作。

3. 按照计算机辅助粮油出库系统的要求操作，可实现出库粮油预收、_____、_____、_____、出库粮油结算、粮库发收数量明细查询及出库作业流水账查询。

二、多选题

1. 仓库计算机辅助入粮程序一般包括（　　）、查询统计模块、财务模块和数据维护模块六个模块。

    A. 质检模块　　　　　　　　　　B. 计量模块

    C. 出库作业流水模块　　　　　　D. 仓储模块

2. 按照计算机辅助粮油入库系统的要求操作，可实现入库（　　）、调出查看入库过程、入库结算等工作。

    A. 报港登记　　B. 入库粮油预收　　C. 安排储粮仓房　　D. 来粮称重

3. 按照计算机辅助粮油出库系统的要求操作，可实现（　　）、出库粮油结算、粮库发收数量明细查询及出库作业流水账查询。

    A. 出库粮油预收　　B. 出库计划　　C. 出库报港　　　　D. 出库粮油称重

三、判断题

1. 仓库计算机辅助入粮程序一般包括质检模块、计量模块、仓储模块、查询统计模块、财务模块和数据维护模块六个模块。　　　　　　　　　　　　　　　　　（　　）

2. 按照计算机辅助粮油入库系统的要求操作，可实现出库粮油预收、出库计划、出库报港、出库粮油称重、出库粮油结算、粮库发收数量明细查询及出库作业流水账查询。

                                                       （　　）

3. 按照计算机辅助粮油出库系统的要求操作，可实现入库粮油预收、入库报港登记、安排储粮仓房、来粮称重、调出查看入库过程、入库结算等工作。　　　　　　（　　）

【视野窗】

信息化让粮食监管精准有力

政策性粮食是保障粮食安全的"压舱石"、稳定市场的"定海神针"和粮食宏观调控的"蓄水池"。管好政策性粮食是一项系统工程，根本途径在科技。要持续发力，久久为功，强化监管，用信息化技术坚决守住管好"天下粮仓"。

政策性粮食分布点多面广，监管难度大。国家粮食和物资储备局发布的资料显示，我国政策性粮食信息化覆盖率为100%，覆盖中央储备粮、最低收购价粮、省市县三级地方储备粮等所有中央和地方政策性粮食。这给政策性粮食监管带来颠覆性变革，推动监管方式从"人防"向"技防"转变，实现"穿透式"监管，让政策性粮食监管看得见摸得着、更加精准有力。

监管信息化突破了传统监管模式，实现管理数据化、操控可视化、集成智能化，能够进一步强化监管、堵塞漏洞，确保政策性粮食收购、仓储、调运各环节安全。现在，所有政策性粮食购销和储备管理都是通过信息化系统开展的，粮食购销和储备管理过程中的业务数据和所有仓房的视频监控都会实时上传。在国家粮食和物资储备局的监管平台上，能够远程对粮食从收购入库、储存到销售出库等全过程进行实时动态监管。

而且，针对以往粮食监管信息化中存在信息"孤岛"、数据互联互通困难等问题，我国着力构建的以粮食购销领域监管信息化国家平台为核心、以省级平台和央企平台为枢纽、以粮库信息系统为基础，实时对接，逐级负责的信息化监管三级系统架构，目前已全面打通，畅通了数据归集渠道，打通了数据共享通道，形成了一体化的数字底座支撑体系，实现监管信息化系统"一盘棋"、数据"一张图""一张表"。

监管信息化从根本上改变了政策性粮食购销和储备管理方式，实现了收购、储存和销售全过程可追溯、流程可管控，提高了工作效率，确保了粮食储存安全，降低了粮食损耗。例如，在收购方面，中央储备粮、最低收购价粮收购全面推广"一卡通"，售粮农户到了粮库门口，用身份证办一张"一卡通"，从粮食登记、扦样、化验、称重、入仓到结算只需要半小时左右，就能轻松完成售粮，不到 24 h，钱就打入农户账户。整个过程自动采集数据并及时上传，农户可以随时查看所有数据。这提高了收购作业效率、降低了作业强度，还能有效避免收购点挤占挪用收购资金、"打白条""人情粮""转圈粮"等损害国家利益和农民利益的现象。

再如，在储存方面，粮仓内温度、湿度、虫害变化都会影响粮食储存质量，监管信息化系统能对粮食库存管理、温度湿度监测控制、虫害防治等进行全方位、实时监管。每个粮仓内布设数百个传感器，能实时监测粮仓温度/湿度变化、虫害霉变等情况，一旦发现异常，系统会自动发出警报，提醒管理人员及时采取措施加以处置。系统还可以自动调节空调、除湿器等设备，自动开启通风系统，提高了管理效率，实现绿色低温储粮，有效降低粮食损耗。目前，国有粮库储藏周期粮食的综合损失率降到 1% 以内，与信息化系统作用不无关系。

监管信息化实现了人机协同"大数据"管粮，能够有效防范粮食购销领域存在的腐败问题。政策性粮食购销领域腐败高发，监管不到位是主要原因。当前，国家粮食和物资管理平台汇集粮食购销数据超 4 亿条，数据采集范围扩大了 60%。国家、省级、央企平台根据管理权限，积极探索应用数字化监管模型，建立并不断迭代完善涉粮违规违法行为大数据预警模型。在此基础上，对政策性粮食实行人机协同监管，一旦出现相关情况，由信息系统自动发出预警，执法督查人员跟进处理，相当于为粮食购销和储备监管提供了"千里眼""透视眼"。例如，这个系统通过对粮食出入库记录、库存粮食温度、仓内视频监控等海量数据的分析，结合拍卖交易、交通运输等信息，发现"转圈粮"、质量异常、以陈顶新、应轮未轮等行为的线索，及时安排执法人员跟进处置。国家粮食和物资储备局已经启动"铁拳行动"，我们要用好中央储备粮库存动态监管系统和粮食企业信用监管系统，不断放大信息化监管效能。

管好政策性粮食是一项系统工程，根本途径在科技。要持续发力，久久为功，强化监管，用信息化技术坚决守住管好"天下粮仓"，为全面夯实国家粮食安全根基提供有力支撑。

——来源：《经济日报》(2024 年 2 月 29 日 5 版)

模块三　粮油出入库收尾工作

项目一　粮油账卡管理
项目二　粮油保管损耗处理

项目一　粮油账卡管理

学习导入

在粮油出入库收尾工作中，应填写相关的粮油账卡，如填写库存粮油货位卡、登记分仓保管账等，帮助粮油仓储管理员精确掌握粮食信息的实时数据，熟知储存粮油的实际情况，实现储粮的安全有效管理，为我国粮食产业的可持续发展和国家粮食安全提供有效保障。

项目导学

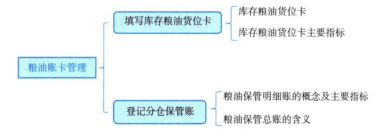

任务一　填写库存粮油货位卡

情景描述

2023年11月24日，江苏省连云港市某粮食储备库接收一批从东北某粮食储备库调拨过来的2 180 t国产黄大豆，存入8号仓。2023年12月3日，入库工作结束，保管员许某对入库粮食进行了入库后的整理工作。请根据大豆入库凭证等相关资料信息，按照规定填写该仓的库存粮油货位卡。

学习目标

➢ **知识目标**

了解库存粮油货位卡的含义和主要指标，掌握库存粮油货位卡的填写要求。

> **能力目标**

能根据规定填写储存粮油货位卡。

> **素养目标**

培养学生诚实守信、爱岗敬业、忠于职守的职业素养，树立严谨细致、公平公正、实事求是的职业态度。

任务资讯

知识点一　库存粮油货位卡

库存粮油货位卡用于记录粮油货位的基本情况，由货位所在企业在形成货位或货位变化后立即填写，主要用于反映货位变化等基本情况。该卡一式两份，其中一份悬挂在该货位明显位置，另一份留存企业仓储管理部门。该卡在货位粮油出完或变化后存档不少于 5 年。

知识点二　库存粮油货位卡主要指标

库存粮油货位卡主要指标包括货位编号、粮油性质、粮权归属、管理方式、储存方式、仓房情况、粮油品质等。企业可根据需要在该卡空格内增加其他指标。

(1)货位编号：企业为管理需要给该粮油货位的一个代号，一般用数字表示。

(2)粮油性质：是指该货位粮油的商品属性，填写中央储备、地方储备、最低收购价、临时收储、商品粮等。

(3)粮权归属：是指该货位粮油的归属。如粮权归本企业所有，则填写"本企业"；代其他单位存储的，填写该批粮油的货主单位，其中，代储中央和地方储备粮或其他政策性粮油的，填写该批粮油的计划单位。

(4)管理方式：用于反映企业对该货位管理内容。如粮权归本企业所有，则填写"直储"，本企业代他人储存(包括本企业为计划单位的中央储备粮)的，填写"代储"，将仓房场地出租给他人存粮的，填"租储"。

(5)实际数量：填写形成货位时实际计量原粮和实际油质量，单位为吨，小数点后保留 3 位。

(6)品种：填写本货位粮油的种类，如早籼稻谷和晚籼稻谷等。

(7)收获年度：填写本货位粮油的收获年份，如进口粮油收获年份不清的，填写该货位粮油入关年份。

(8)入库时间：填写该货位粮油到达本企业的时间，具体到年、月。

(9)成货位时间：填写该批粮油经整理后形成货位的时间，或货位发生变化的时间，具体到年、月。

(10)产地：用于反映该货位粮油的来源。填写该批粮油的生产地，具体到省、市(地区)，进口粮油填出口国别或地区。

(11)价位：填写该货位粮油收购、采购价格，单位为元/千克，小数点后保留 2 位。

(12)储存方式：用于反映该货位粮油的储藏方法，填写仓内散储、仓内包储、仓内包打围储、露天散储、露天包储、露天包打围储等。

(13)等级：填写该货位粮油成货位时的实测质量等级。

(14)入仓相关质量指标(水分、杂质、堆积密度等)：填写该货位粮油成货位时的综合样品实测指标。

(15)粮油储藏品质检测项目：主要有水分(%)、堆积密度(g/L)、不完善粒(%)、面筋吸水量(%)、黄粒米(%)、脂肪酸值(mgKOH/100 g)、品尝评分值等，与不同粮油品种对应。

(16)检测时间：填写该货位粮油主要检测结果和检测时间。每年 3 月和 9 月要分别进行一次库存粮油品质检测，检测数据如实填写在卡片上。

 任务演练

填写库存粮油货位卡

 工作任务

在粮油出入库收尾工作中，当货位发生变化后，应依据记账凭证，如实填写库存粮油货位卡，以反映货位中粮油的实际情况。

 任务实施

一、任务分析

填写库存粮油货位卡，需要明确以下问题。

(1)库存粮油货位卡的概念。

(2)库存粮油货位卡主要指标。

二、器材准备

仓房基本资料、粮油保管记账凭证、粮食质量检测结果、粮食货位卡、中性笔、计算器和工作服等。

三、操作步骤

(1)依据记账凭证，填写粮油货位基本信息。

(2)在该批粮油经整理后形成货位的时间或货位发生变化时，填写该货位当时实测的粮油质量指标信息。

(3)填写粮油质量检测信息。每年 3 月和 9 月要分别进行一次库存粮油品质检测，将检测数据如实填写在库存粮油货位卡上。

视频：填写库存粮油货位卡

四、注意事项

(1)坚持一仓(货位)一卡的原则。

(2)不得随意更改原始数据。

(3)书写要细致、准确、规范，不出差错。

(4)阿拉伯数字应按标准书写方式书写。

(5)库存粮油货位卡用于记载粮油进入仓库后特定货位(仓囤)所储存粮油的质量、数量等基本情况，按照规定记录在储藏过程中粮油质量的变化情况，是该特定货位(仓囤)所储存粮油的质量、数量的基础资料。

（6）库存粮油货位卡从入库作业收尾后开始记录，其中的粮油质量检测记录贯穿于整个粮油储藏的全过程。

 报告填写

填写库存粮油货位卡记录表，见表 3-1-1。

表 3-1-1　库存粮油货位卡记录表

填制单位：				填制日期：			
货位编号			粮油性质		粮权归属		
仓型		设计容量/t		入库时间		成货位时间	
粮油品种		收获年度		实际数量/t		管理方式	
储存方式		包装存粮包数		平均包重/kg		产地	
散存粮油体积/m³		长宽高/m		直径/m		单价/(元·kg⁻¹)	
等级		入仓水分/%		入仓杂质/%		色泽气味	
入仓堆积密度/(g·L⁻¹)		入仓出糙率/%		入仓整精米率/%		入仓谷外糙/%	
入仓不完善粒/%		入仓纯粮率/%					
检验项目 / 检验时间						检验人	
年　月　日							
年　月　日							
年　月　日							
备注							
仓储管理员				审核人			

 任务评价

按照表 3-1-2 评价学生工作任务完成情况。

表 3-1-2　填写库存粮油货位卡评价表

班级：　　　　　姓名：　　　　　学号：　　　　　成绩：

试题名称				填写库存粮油货位卡		考核时间：25 min		
序号	考核内容	考核要点	配分	评分标准		扣分	得分	备注
1	准备工作	准备仓房相关资料	8	鉴定站准备		—		
				未认真阅读仓房相关资料，扣5分				
		安全防护		未穿工作服，扣3分				
2	操作前提	掌握填写库存粮食货位卡要点	8	口述填写库存粮食货位卡要点，错误扣8分，不全面扣4分				
3	操作过程	规范填写库存粮食货位卡相关信息	70	入库粮食基本信息未填或错填，每1处扣2分，最多扣50分				
				粮食质量检验项目未填或错填，每1处扣5分，最多扣20分				

试题名称			填写库存粮油货位卡		考核时间：25 min		
序号	考核内容	考核要点	配分	评分标准	扣分	得分	备注
4	操作结果	填写规范	10	有1处有涂改扣2分，扣完为止			
5	使用工具	熟练规范使用仪器设备	4	仪器设备使用不规范、不熟练，扣2分			
		仪器设备使用维护		工作桌面未整理，扣2分			
6	安全及其他	按国家法规或有关安全规定操作	—	违规停止操作	—		
		在规定时间内完成操作		超时停止操作	—		
合计			100	总得分			
否定项说明：未依据所给资料填写□；不会计算□；违章操作□；发生事故□							

巩固练习

填空题

1. 在填写库存粮油货位卡时，应坚持_____的原则。

2. 库存粮油货位卡主要用于反映_____等基本情况。

3. 库存粮油货位卡主要指标包括货位编号、粮油性质、管理方式、_____、粮权归属、仓房情况、粮油品质等。

任务二　登记分仓保管账

情景描述

江苏省连云港市某粮食储备库一直按照行业行政管理部门的要求，有粮食出入库业务发生时，每笔业务都制作粮油保管账记账凭证，作为内部保管账、统计账、会计账核算的原始依据。每天发生的业务都记录在粮油保管明细账中，每月对粮油保管明细账汇总一次，记载在粮油保管总账中，年度终了，将粮油保管总账各账户的粮油库存数量余额结转到下一年度，并新建账簿。

学习目标

➤ 知识目标

了解粮油保管明细账和总账的含义及主要指标，掌握粮油保管明细账和总账的填写要求。

> ➤ **能力目标**

能根据粮油出入库凭证登记粮油保管账。

> ➤ **素养目标**

培养学生诚实守信、爱岗敬业、忠于职守的职业素养，树立严谨细致、公平公正、实事求是的职业态度。

任务资讯

知识点一　粮油保管明细账的概念及主要指标

粮油保管明细账以仓为单位填写，详细反映分性质、品种、等级、货位的粮油出入库和库存情况，由记账人依据粮油保管记账凭证及时登记。

粮油保管明细账主要指标含义如下。

(1)粮权归属、粮油性质、品种货位编号、等级、本批水分、本批杂质等指标依据粮油保管记账凭证登记。

(2)凭证号：粮油保管记账凭证的编号。

(3)摘要：需要说明的事项，如收获年度、调入单位等。

(4)入库数量：登记当日入库数量。

(5)出库数量：登记当日出库数量。

(6)损失损耗：登记当日损失损耗数量，损失损耗需制作记账凭证。

(7)库存数量：期末粮油库存数量＝上期期末库存数量＋本期入库数量－本期出库数量－本期损失损耗。

(8)平均水分、平均杂质：当前本仓粮油的平均水分、平均杂质，按百分数记，保留1位小数。

(9)折标水杂数量：是指根据本货位粮油库存数量和当期的平均水分及杂质，折算成国家(行业、地方)标准规定的水分杂质含量的粮油数量。企业应定期检测货位的水分和杂质，单独制作记账凭证进行折水杂标数量的计算和登记。

知识点二　粮油保管总账的含义

粮油保管总账用于反映企业库存粮油的总体情况。

粮油保管总账的粮油性质、粮油品种、摘要、入库数量、出库数量、库存数量、损失损耗、折标水杂数量等指标含义，参照"粮油保管明细账指标"登记，不同的是，粮油保管账总账依据粮油保管明细账每月汇总记载一次。

任务演练

子任务一　填写粮油保管明细账

 工作任务

粮油出入库作业后，应秉承严谨求实的科学态度，依据出入库凭证填写粮油保管明细账，以反映当日库存粮油的实际情况。

任务实施

一、任务分析

填写粮油保管明细账，需要明确以下问题。

(1)粮油保管明细账的概念。

(2)粮油保管明细账的主要指标。

二、器材准备

仓房基本资料、粮油保管明细账、粮食质量检测结果、粮食货位卡、中性笔、计算器和工作服等。

三、操作步骤

根据当日粮油入库(或出库、损失损耗)等实际发生的情况，逐项填写粮油保管明细账。

四、注意事项

(1)粮油保管明细账应做到日清月结。

(2)年度终了，要将各明细账户的粮油库存数量余额结转到下一年度，并新建账簿。

(3)粮油保管明细账按年度装订成册，存档期不少于10年。

(4)书写要细致、准确、规范，不出差错；阿拉伯数字应按标准书写方式书写；不得随意更改原始数据。

报告填写

填写粮油保管明细账，见表3-1-3。

表3-1-3　粮油保管明细账

粮权归属 粮油性质						品种			货位 编号		单位：千克、%	
	年	凭证号	摘要	等级	入库 数量	出库 数量	损失 损耗	本批 水分	本批 杂质	库存 数量	平均 水分	平均 杂质	折标 水杂 数量
月　日												
记账人							审核人					

子任务二　填写粮油保管总账

工作任务

粮油出入库作业后，应秉承严谨求实的科学态度，依据出入库凭证填写粮油保管总账，以反映当月库存粮油的总体情况。

任务实施

一、任务分析

粮油保管总账，需要明确以下问题。

(1)粮油保管总账的概念。

(2)粮油保管总账的主要指标。

二、器材准备

仓房基本资料、粮油保管总账、粮油保管明细账、中性笔、计算器和工作服等。

视频：登记分仓保管账

三、操作步骤

月末根据粮油入库(或出库、损失损耗)等实际发生的情况，逐项填写粮油保管总账。

四、注意事项

(1)粮油保管总账依据粮油保管明细账每月汇总记载一次，记载时间为每月末。

(2)年度终了，要将总账各账户的粮油库存数量余额结转到下一年度，并新建账簿。

(3)粮油保管总账按年度装订成册，存档期不少于10年。

(4)书写要细致、准确、规范，不出差错；阿拉伯数字应按标准书写方式书写；不得随意更改原始数据。

 报告填写

填写粮油保管总账，见表3-1-4。

表3-1-4 粮油保管总账

粮油性质			粮油品种				单位：千克、%	
年		摘要	入库数量	出库数量	库存数量	损失损耗	折标水杂数量	备注
月	日							
记账人					审核人			

巩 固 练 习

填空题

1.年度终了，要将各明细账户的粮油库存数量余额结转到_____，并新建账簿。

2.粮油保管明细账中的期末粮油库存数量＝上期期末库存数量＋本期入库数量－本期出库数量－_____。

3. 粮油保管总账依据粮油保管账明细账每_____汇总记载一次，记载时间为_____。

4. 粮油保管账中的_____是指根据本货位粮油库存数量和当期的平均水分及杂质，折算成国家(行业、地方)标准规定的水分杂质含量的粮油数量。

【视野窗】

为了规范粮油仓储管理行为，提高粮油仓储企业规范化管理水平，根据《粮油仓储管理办法》的规定，结合粮油仓储管理工作的实际，国家粮食和物资储备局制订了《库存粮油货位卡》等粮油仓储管理常用表格表样，现予以印发，供有关企业参考使用(图 3-1-1)。

图 3-1-1　关于印发《库存粮油货位卡》等粮油仓储管理常用表格表样的通知

粮油仓储管理
常用表格

项目二　粮油保管损耗处理

学习导入

在粮油出入库收尾阶段，按照要求做好粮油保管损耗处理对于安全储粮非常重要。粮油保管损耗的大小可以反映粮库的管理水平，直接影响粮库的经营效果和经济效益，加强粮油保管损耗管理是粮油仓储业务工作的一个重要环节。

项目导学

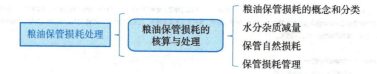

项目导学：粮油保管损耗处理 → 粮油保管损耗的核算与处理 → 粮油保管损耗的概念和分类 / 水分杂质减量 / 保管自然损耗 / 保管损耗管理

任务　粮油保管损耗的核算与处理

情景描述

某粮食储备库完成了 3 号仓的出库作业，请了解该储备粮的基本信息资料，根据该仓出入库粮食情况核算出库后粮油保管账务的损耗，填写相关凭证，对粮油损耗进行处理。

学习目标

➤ **知识目标**
熟悉粮油保管损耗的概念和分类，掌握粮油保管损耗管理规定。

➤ **能力目标**
能对出仓后粮食的保管损耗（溢余）进行计算和处理。

▷ **素养目标**

(1)培养学生精益求精、一丝不苟的工匠精神。

(2)培养学生团结协作、廉洁公正的职业道德。

任务资讯

知识点一 粮油保管损耗的概念和分类

粮油保管损耗是指粮油由计量验收入库起(包括库内搬倒、堆装),至计量点交出库止的整个保管过程中发生的全部损耗。

粮油商品在保管期间,由于自身生命活动和客观因素的影响,必然会发生一定的保管损耗或溢余,所以,粮油保管损耗若按其发生的原因,可分为水分杂质减量和保管自然损耗两类。

知识点二 水分杂质减量

水分杂质减量是指粮油在入库和储存过程中,水分自然蒸发,以及通风、烘晒、除杂整理等作业,导致的水分降低或杂质减少等损耗。其计算公式为

$$水分(或杂质)损耗率 = \frac{入库水分(或杂质) - 出库水分(或杂质)}{100 - 出库水分(或杂质) \times 100} \times 100\%$$

$$水分(或杂质)损耗量 = 入库总量 \times 水分(或杂质)损耗率(\%)$$

由于杂质含量一般占储粮比例小,杂质减量的幅度小,所以为了使计算简便,其损耗率也可用下式计算:

$$杂质损耗率 = 入库杂质(\%) - 出库杂质(\%)$$

$$杂质损耗量 = 入库总量 \times 杂质损耗率(\%)$$

知识点三 保管自然损耗

保管自然损耗是指粮油在储存过程中,由正常生命活动消耗的干物质、计量的合理误差、检验化验耗用的样品、轻微的虫鼠雀害及搬倒中零星抛撒等导致的损耗。

原粮的自然损耗按以下定额处置,在定额以内的据实核销,超过定额的按超耗处理并分析超耗的原因:储存半年以内的,不超过0.1%;储存半年以上一年以内的,不超过0.15%;储存一年以上的,不超过0.2%。

保管自然损耗的计算公式为

$$保管自然损耗量 = 入库总量 - 出库总量 - 水分、杂质减量$$

$$保管定额损耗量 = 入库总量 \times 自然损耗率定额(\%)$$

$$超耗量 = 保管自然损耗量 - 保管定额损耗量$$

知识点四 保管损耗管理

1. 保管损耗管理的原则

粮油保管自然损耗,应该以一个货位或批次为单位,在粮油出清后,根据粮油入库验质、计量凭证进行计算。水分杂质减量和保管自然损耗必须分别计算、分别列报,不得混淆。

水分杂质减量应当实核实销：入仓前及入仓期间发生的水分杂质减量应当在形成货位后核销；储存期间的水分杂质减量应当在一个货位或批次粮油出清后核销。

凡发生超耗，必须查实后说明原因，按照规定报上级管理部门审批。

2. 保管损耗管理的具体措施

粮库应经常对职工进行爱惜粮油教育，严格遵守仓库的各项规章制度和操作规程，千方百计地降低粮油保管损耗。仓储人员要负责记载所保管仓房的粮油保管囤垛卡，以作为损耗报销的基本凭证，并保证物卡相符。

粮油进出库时必须称重，检验水分及杂质，填写磅码单和检验凭证，作为损耗报销的基本凭证。

粮油保管自然损耗与水分杂质减量，必须分开计算，一个仓、囤在出清后，如发生损耗，可先根据出仓水分、杂质含量计算水分杂质减量。如经计算水分、杂质减量超过实际损耗总量，则其损耗总量可全部作为水分杂质减量处理，不再计算保管自然损耗；如实际损耗总量超过水分、杂质减量，则其超过部分应作为保管自然损耗；如无水分、杂质减量时，则其损耗量全部作为保管自然损耗。

保管损耗要严加管理，不得预报、估报、假报和隐瞒不报。粮油出库如发生增溢，应列入商品溢余和其他收入处理，不得隐瞒，不得抵消损耗或以其他方式处理。

粮油保管损耗在规定的保管自然损耗定额以内的，以及合理的水分、杂质减量，可以实报实销。对超耗和溢余，一律采取"登记后结案"的办法，将超耗情况另行登记，然后查明原因上报处理，没有正当理由的，作为事故处理。所有粮油保管损耗一定要经过审查批准才能核减库存。

3. 不作为保管损耗处理的情况

粮油在保管过程中，因管理不善、工作失职造成巨额超耗，或霉变、虫蚀、污染、水淹、失火、贪污、盗窃等事故损失和经查明不属于损耗的短斤、丢失等损失及意外事故所造成的损失，应按财产损失有关规定办理，不作正常损耗处理。

 **任务演练**

粮油保管损耗核算

 工作任务

根据某粮食储备库 3 号仓的出库情况，搜集该储备粮的基本信息资料，核算出库后粮油保管账务的损耗，填写相关凭证，并对粮油损耗进行处理。

 任务实施

一、任务分析

粮油保管损耗核算，需要明确以下问题。

(1)粮油保管损耗的概念和分类。

(2)水分杂质减量的计算。

(3)保管自然损耗的计算。

（4）保管损耗管理方法。

二、器材准备

储备粮分仓保管账、货位卡、出库单、粮食损耗（溢余）处理规定、计算器和工作服等。

三、操作步骤

（1）出粮后，对整仓粮油出库单进行整理、核算。

（2）计算、分析粮油保管过程中的损耗（或溢余）情况。

（3）按照规定对水分杂质减量和保管自然损耗分别进行处理。

（4）对保管总账、统计账同步处理。

（5）填写粮油损耗核销报告单。

视频：保管
损耗核算

四、注意事项

（1）粮油储存损耗应当以一个货位或批次为单位分别计算，不得混淆。

（2）自然损耗应当在一个货位或批次粮油出清后核销；水分杂质减量应当实核实销。

（3）入仓前及入仓期间发生的水分杂质减量应当在形成货位后核销。

（4）储存期间的水分杂质减量应当在一个货位或批次粮油出清后核销。

（5）应对本仓粮油仓储管理工作进行回顾、研究，总结经验教训，核算保管经济成本，以利于以后的粮油保管工作。

 报告填写

填写粮油损耗报告单，见表 3-2-1。

表 3-2-1　粮油损耗报告单

申报单位：　　　　　　　　　　年　月　日　　　　　　　　　　单位：kg、元

入库粮油详细情况								
品种	性质	入库时间	入库数量	等级	入库水分	入库杂质	入库不完善粒	入库色泽气味
出库粮油详细情况								
品种	性质	出库时间	出库数量	等级	出库水分	出库杂质	出库不完善粒	出库色泽气味
损耗计算								
入库数量	出库数量	霉变数量	实际短少	储存时间/天	自然损耗	数量	水分损耗	杂质损耗
损耗合计					入库价格		金额	
霉变原因								
损耗原因								
本单位意见： 　　　　年　月　日				上级主管部门审批意见： 　　　　年　月　日				

 任务评价

按照表 3-2-2 评价学生工作任务完成情况。

表 3-2-2　粮油保管损耗核算评价表

班级：　　　　　　姓名：　　　　　　学号：　　　　　　成绩：

试题名称		粮油保管损耗核算		考核时间：30 min		
序号	考核内容	考核要点	配分	评分标准	扣分	得分	备注

序号	考核内容	考核要点	配分	评分标准	扣分	得分	备注
1	准备工作	安全防护	11	未穿工作服，扣2分			
		分仓保管账		未核对分仓保管账，扣3分			
		仓囤卡		未核对仓囤卡，扣3分			
		出库单		未核对出库单，扣3分			
2	操作前提	了解储备粮基本信息资料	3	未阅读资料就填卡，扣3分			
3	操作过程	出入库粮食情况填写及损耗（溢余）计算	25	入库粮食情况填写错误，每1处扣3分，扣完为止			
			25	出库粮食情况填写错误，每1处扣3分，扣完为止			
			25	计算过程错误，扣20分			
				计算结果错误，扣5分			
4	操作结果	填写粮食损耗（溢余）报告单	9	未填写、填写错误或有涂改的，每1处扣3分，扣完为止			
5	使用工具	熟练规范使用仪器设备	2	使用计算器错误，扣1分			
		工具使用维护		资料乱摆乱放，扣1分			
6	安全及其他	按国家法规或企业规定	—	违规停止操作			
		在规定时间内完成操作		超时停止操作	—		
合计			100	总得分			

否定项说明：违规操作□；发生事故□

巩 固 练 习

一、填空题

1. 粮油商品在保管期间，由于自身生命活动和客观因素的影响，必然会发生一定的保管损耗或溢余，所以，粮油保管损耗，若按其发生的原因，可分为＿＿＿＿＿和＿＿＿＿＿两类。

2. 原粮的自然损耗定额：储存半年以内的，不超过＿＿＿＿＿；储存半年以上一年以内的，不超过＿＿＿＿＿；储存一年以上的，不超过＿＿＿＿＿。

3. 保管损耗要严加管理，不得＿＿＿＿＿、＿＿＿＿＿、＿＿＿＿＿和隐瞒不报。粮油出库如发生增溢，应列入＿＿＿＿＿和其他收入处理，不得隐瞒，不得抵消损耗或以其他方式处理。

二、单选题

1. 水分杂质减量是指粮油在入库和储存过程中，由于（　　　），以及通风、烘晒、除杂整理等作业导致的水分降低或杂质减少等损耗。

　　A. 出入库取样验质　　　　　　　　B. 出入库抛洒

　　C. 水分自然蒸发　　　　　　　　　D. 水分扣量

2. 原粮的自然损耗按定额处置，储存半年以内的，不超过（　　）。

  A. 0.1%　 B. 0.15%　 C. 0.2%　 D. 0.25%

3. 粮油保管自然损耗，应该以一个货位或批次为单位，在粮油出清后，根据粮油入库验质、计量凭证进行计算。水分杂质减量和保管自然损耗，必须（　　）。

  A. 分别计算，合并列报

  B. 分别计算，分别列报，统筹处理

  C. 分别计算，分别列报，不得混淆

  D. 合并计算，合并列报，统筹处理

三、多选题

1. 保管自然损耗是指粮油在储存过程中，因正常生命活动消耗的干物质、（　　）等导致的损耗。

  A. 计量的合理误差

  B. 检验化验耗用的样品

  C. 轻微的虫鼠雀害

  D. 搬倒中零星抛撒

2. 粮油在保管过程中，因为（　　），应按财产损失有关规定办理，不作正常损耗处理。

  A. 管理不善、工作失职造成巨额超耗

  B. 霉变、虫蚀、污染、水淹、失火、贪污、盗窃等事故损失

  C. 经查明不属于损耗的短斤、丢失等损失

  D. 意外事故所导致的损失

四、判断题

1. 水分杂质减量是指粮油在入库和储存过程中，水分自然蒸发，以及通风、烘晒、除杂整理等作业导致的水分降低或杂质减少等损耗。（　　）

2. 粮油保管的超耗和溢余，一律采取"登记后结案"的办法，将超耗情况另行登记，然后查明原因上报处理，没有正当理由的，作为事故处理。（　　）

3. 保管自然损耗是指粮油在储存过程中，由正常生命活动消耗的干物质、计量的合理误差、检验化验耗用的样品、粮油霉变、虫害鼠害，以及搬倒中零星抛撒等导致的损耗。（　　）

【视野窗】

聚焦绿色仓储，减损降耗提升品质

  近年来，国家有关部门先后实施"粮安工程""粮库智能化升级改造"等，大力加强仓储物流设施建设，我国粮食仓储设施条件不断改善提升。国家粮食和物资储备局深入实施"粮食绿色仓储提升行动"，加强高标准粮仓建设，推进旧仓升级改造，进一步提高粮仓气密、隔热等关键性能，指导各地因地制宜推广应用先进适用的绿色储粮技术。在首批59家粮食储备企业开展绿色储粮标准化试点，发挥示范引领作用，推动以点带面、提质增效。

  目前，全国粮食标准仓房完好仓容近7亿吨，"四合一"储粮技术（粮情测控、机械通风、环流熏蒸、谷物冷却）在广大国有粮库普及应用，我国储粮技术水平总体居世界前列。全国实现低温准低温储粮仓容1.8亿吨，气调储粮仓容超4 600万吨。控温、气调、内环流、害虫综合防治等绿色储粮技术应用比例不断提高。调查显示，我国粮库储粮损失基本消除，粮食储藏周期内综合损耗率控制在1%以内。粮食仓储管理规范化、精细化、绿色化、智能化水平稳步提升，正在由"安全储粮、减损降耗"向"保质保鲜、绿色优储"的高质量发展阶段迈进。

  ——节选自：耕好"无形良田"端稳"中国饭碗"，多措并举推进我国粮食产后节约减损工作（国家粮食和物资储备局）

参考文献

References

[1] 国家粮食和物资储备局,职业技能鉴定指导中心. (粮油)仓储管理员：初级、中级、高级[M]. 2版. 北京：中国轻工业出版社,2021.

[2] 中华人民共和国人力资源和社会保障部,国家粮食和物资储备局. (粮油)仓储管理员国家职业技能标准[M]. 北京：中国劳动社会保障出版社,2019.

[3] 许方浩,周凤英. 粮油储藏技术(上、下)[M]. 北京：科学出版社,2012.

[4] 王若兰. 粮油储藏学[M]. 2版. 北京：中国轻工业出版社,2016.

[5] 国家粮食局人事司. 粮油保管员职业操作技能考试手册[M]. 北京：中国劳动社会保障出版社,2008.

[6] 国家粮食局.《粮油仓储管理办法》解读[M]. 北京：中国物资出版社,2010.

[7] 国家粮食局粮食行政管理司. 储粮新技术教程[M]. 北京：中国商业出版社,2001.

[8] 国家粮食局职业技能鉴定指导中心. 粮油质量检验员：初级、中级、高级[M]. 4版. 北京：中国轻工业出版社,2017.

[9] 中国标准出版社第一编辑室. 粮油标准汇编：储藏卷[M]. 北京：中国标准出版社,2009.

[10] 罗金荣,左进良. 粮食仓储管理与储粮实用技术[M]. 南昌：江西高校出版社,2005.

[11] 中国储备粮管理总公司. 粮食出入库技术实用操作手册[M]. 成都：四川科学技术出版社,2014.